애셋 엄마

오직의 비밀로
가능한
독박육아 그림일기

애셋
엄마

글·그림 쌈

추천의 글 1

"**한** 아이를 키우는 데 온 마을이 필요하다."는 아프리카 속담이 있습니다. 아이 하나를 키우는 데는 그만큼 많은 수고와 관심이 필요하다는 말일 겁니다. 한 명의 아이를 키우는데도 온 마을이 나서야 할 정도라면, 세 명의 아이를 키우는 데는 얼마만큼의 관심과 돌봄이 있어야 할까요?

육아가 얼마나 힘들었으면, 사랑스러운 자기 딸 아이 하나를 돌보면서 세계적인 축구선수인 박지성 씨는 "차라리 축구 경기 두 번 뛰는 것이 더 낫겠다."고까지 했겠습니까? 산소탱크라고 불릴 정도의 박 선수가 그럴 정도라면, 연약한 몸으로 어린 세 아이를 키우는 데는 가히 초인적인 능력이 필요할 겁니다.

목회자의 아내인 선영 사모가 세 아이를 출산하고 양육하면서 전쟁 같은 하루 하루를 꾸밈없이 있는 그대로 엮어 자기 고백서와 같은 육아일기로 내놓았습니다. 세 아이를 키우는 육체적 고됨 뿐만 아니라, 순간 순간 일어나는 혼란스러운 내면의 감정도 있는 그대로 적었습니다. 육아 문제에 대한 교과서적인 이상과 미처 따라갈 수 없는 현실 사이의 간극에서 오는 내적 고민과 갈등 그리고 혼란스러운 감정을 숨김없이 드러냈습니다.

　목회자의 아내이기에 다른 사람에게 다르게 보여야 한다는 심적 부담과 도저히 그럴 수 없는 무기력한 자신의 한계 사이에서 오는 자괴감도 그대로 드러냈습니다. 그 속에서 자신의 평정을 되찾고 하나님의 위로부터 주시는 은혜의 힘을 얻고자 했습니다. 매일 밤 아이들을 재우고 난 뒤, 홀로 하나님과 그 분의 말씀 앞에 자기를 내려놓고 은혜를 바라보는 조용한 시간을 잃지 않았습니다. 그런 아름다운 몸짓에서 나온 작품이 오직의 비밀로 가능한 독박육아 그림일기 〈애셋엄마〉입니다.

이 고백서가 아이를 이렇게 키워라 하는 식의 육아교과서나 자녀를 성공한 인물로 키운 슈퍼 엄마의 지침서가 아니라서 좋습니다. 이 시간에도 아이를 키우면서 혼자 힘들어하고 우울해하며 자괴감에 빠져 괴로워하는 우리 시대의 많은 젊은 엄마들과 함께 아파하고 서로 위로 받으며 함께하는 그런 현장의 고백이어서 좋습니다.

이 고백서를 읽으면서, 마치 어린 아들 사무엘을 하나님의 성소에 맡기면서 이 아이의 평생을 하나님께 드리나이다 삼상1:28 하고, 매년 성소에 올라 갈 때마다 일 년 동안 기도로 만든 작은 겉옷을 지어다가 입혔던 어머니 한나 삼상2:19 의 심정으로 엮은 책이라 생각했습니다.

우리 큰 아이 친구인 선영 사모를 어린 시절과 청소년 유학시절 그리고 결혼 후, 이국문화 생활과 지금의 교회 부교역자 아내로서 주님의 몸된 교회를 섬기는 모습까지 지켜보았습니다. 지금도 항상 어린아이(?)와 같은 저자입니다. 그런데 어느새 세 아이의 엄마가 되고, 세 아이를 키우면서 이렇게 아름다운 신앙 고백서까지 출산(?)하는 것을 보면서, "여자는 약하지만, 어머니는 위대하다."는 말을 다시 한번 새삼 느낍니다.

어머니의 위대함을 잃어버린 채, 육아의 고됨에 시달리는 이 시대의 젊은 엄마들이 이 고백서를 통해 세상 어디에도 없는 하나님의 은혜와 위로로 새 힘을 얻는 그런 기쁨이 있기를 바라며, 이 육아 고백서를 기도의 중심을 담아 추천합니다.

– 이상배 목사 (포항 영광교회)

추천의 글 2

〈추천하는 이유〉
하나, 그림이 신선하다.
둘, 그림에 맞는 글이 재밌다. 아주…
셋, 내용이 사실적이다.
넷, 누구나 공감할 수 있는 내용이다.
다섯, 성경 구절이 적절하다.

이 책을 손에 든 사람이라면 놓지 마라.
한 번도 가보지 않은 육아의 길을 안내하는 내비게이션이다.
특별히 결혼을 앞둔 청년이라면 반드시 읽어야 할 필독서다.
아울러 시어머니 되시는 분들도 읽기를 권장한다.
당신의 며느리가 육아에 얼마나 힘쓰고 있는지를
확인하는 시간이 될 것이다.

끝으로 하나님이 주신 달란트와 사명을 제대로 실천한 저자에게
박수를 보낸다.

- 윤성주 목사 (결혼예비학교 주 강사)

그 아이가 후대를,
그것도 셋을 낳아…
언약의 바톤을 넘겨주고
있…있겠죠?…

제 한 몸 챙기기도 바빴던 제가
독박육아로 아이 셋을 챙기니
스스로 한계에 부딪히기 일쑤죠.

주변에서는 육아 고수···
셋, 대단해, 라고 하시지만···

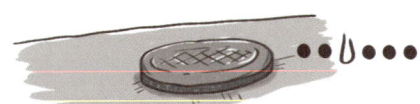

사실 하수구 저 밑에서 허우적대는
육아 하수 중의 하수···

넘어지고 일어서고를 반복하며
말씀으로 깨지고 말씀으로 갱신하면서
엄마로서의 삶에 제자리를
조금씩 찾아가고 있답니다.

아이 셋 육아에 허덕이며
무기력에 빠져 있던 어느 날,

교회 집회에서
지금의 시간을 기회로 만들고
이 기회를 작품으로 남기라는
말씀을 메시지로 잡고…

육아의 고단함을
말씀으로 재해석한 그림으로 그려보자,
결단하고 시작한 육아그림일기.

이제 우리 아이들 세 명은
제게 무한한 소재 거리를 제공해주는
고마운 동역자들입니다.

모두를 재우고 나서야 그림 그릴 시간이 허락되는
녹록치 않은 작업 환경이지만
드디어 이 찌질한 일기들이 모여 한 권의 책으로 엮어지네요.

고마 자라…

지속한 육아복음일기가
독박육아에 지친 동기(?)들에게
많은 공감과 말씀으로 위로받는
도구가 되길 기도하며
.
.
마지막 편집에 힘써봅니다.
(막내가 통잠을 자주길…)

잠 그까이꺼. 좀 못자면 어때?!

애가 셋이라서 복음으로 날마다 갱신하며 성장하는 나는 행복자입니다!

차례

추천의 글1 _004
추천의 글2 _007
프롤로그 _008

1장 애 둘, 참 편했지

1. 빨리 좀 자라 _018
2. 공부 좀 해라 _020
3. 남동생이 된 부인 _022
4. 예쁜 짓 _024
5. 돌아서면 밥 차릴 시간 _026
6. 니들이 엄마를 재운다 _028
7. 내면세계의 질서 _032
8. 인간 알람시계 _036
9. 다 너희를 위해서란다 _038
10. 부럽다… _040
11. 몰라줘서 미안해 _042
12. 나의 훼방꾼들 _044
13. 엄마의 두 가지 마음 _046
14. 참아야 하느니라! _050
15. 내 사랑 오징어 _052
16. 처음이라 서툰 거야 _054
17. 혼자만의 시간 _056
18. 베스트 드라이버가 되는 그날까지! _058
19. 재앙의 흐름을 막을 자 _062
20. 고마워 아들 _066
21. 오줌 풀장 _070
22. 예수님 어디에 계세요? _072
23. 아들의 기도 _074

2장 애 둘 엄마에서 애 셋 엄마로 정정

1. 엄마의 식사 _080
2. 그림의 떡 _082
3. 입덧 _084
4. 엄마가 되고 알게 되는 것들 _086
5. 의지박약 _090
6. 말씀 안에서의 나 _094
7. 분노게이지 _098
8. 되어가는 중 _102
9. 멍미 _106
10. 끊임없이 먹는다 _110
11. 나 같아도 싫겠다… 이런 엄마… _114
12. 히터맨 _118
13. 사치 _120
14. 쉽지 않은 길, 셋째 임신 _122
15. 모성애 _126
16. 오늘을 소중히 _130
17. 여유가 없는 아침 일상 _134
18. 담대하라 _138
19. 만삭의 고통 _142
20. 이제서야 _146

3장 애 셋 엄마의 일상

1. 신생아 밤중 수유 _154
2. 그럴지라도… _158
3. 식사 시간 _162
4. 그의 막말 _166
5. 100일의 내공 _170
6. 셋이니까 _172
7. 두 번 다신 못할 일 _174
8. 세상 밖에 나가기 전 _178
9. 엄마 갬성 _182
10. 애 셋과 함께하는 밤 _184
11. 지금 _188
12. 나만 이래? _192
13. 영적서밋 엄마 _196
14. 눈썹을 휘날리며 _200
15. 상식을 넘어 신앙으로! _204
16. 자기관리 파업 7년째 _208
17. 참된 용기 _214
18. 영에 속한 자 _218
19. 되어지는 응답 _224
20. 또 시작 _228
21. 좌절의 순간들 _234
22. 후대 살릴 전도자 _238

일기를 마치며… _244
언약 전달1 _250
언약 전달2 _252

1장

애 둘,
참 편했지

1. 빨리 좀 자라

둘을 같이 재우는 일에 도가 텄다 착각했었다.
처음 둘째 낳고 신생아 젖물리랴,
두 돌도 안 된 아들 안아 재우랴,
셋이 같이 펑펑 운 적도 있었다.

지금은 울고 싶지는 않다만
안 자고 장난치면서 일명 발싸대기에 맞아
눈물 찔끔 흘리는 일이 허다하고
열 달 긴 잠 자던 딸은 돌을 전후로 움직임이 늘더니
급기야 잠시도 가만히 있질 않고 온 침대를 굴러다니며
잠들 때까지 나를 긴장시킨다.

자기 전에 찬양 불러주고 기도해주고
성령충만하게 잠들면 좋으련만.
예배 5분 후 1시간을 roaming around…
오늘도 눈에 넣어도 아프지 않은 내 새끼들에게
무시무시한 엄마를 각인시키고 방을 나왔다.

빨리 좀 자라!!!!!!!!

새근새근 잠든 두 얼굴보며
방금 전 버럭한 애미가 급 후회스럽지만서도
애 둘 엄마의 밤은 고단하다. ㅎ

그러나 내가 가는 길을
그가 아시나니
그가 나를 단련하신 후에는
내가 순금 같이 되어 나오리라
욥기 23:10

2. 공부 좀 해라

크하악.
나도 나름 오랜 유학파…
나름 열공 대학시절을 보냈고
유창하진 않았지만 그래도 교수님께
매주 복음을 전할 정도의 영어는 했는데
미국으로 시집와서 애 셋 낳고 어찌저찌 시간이 지나다보니
아기 사람들과 24시 보내며 나의 영어는 오데로 갔나.

주로 아기들 병원 예약은 남편이 다 하는데
오늘은 부탁하느니 내가 한다 싶어 당당히 전화를 걸었지.

그래놓고 한다는 소리가 I want to register… Register?!!!
12개월 아기 첵업 스케줄 잡는다는 것이 register…
겨우 겨우 급 수정하며 스케줄을 잡았다만
너무 충격적이라 ㅎㅎ 다시금 다짐한다.

공. 부. 좀. 하. 자.

시대 살릴 전도자로 키울 애미의 영어 실력이 요 모양이라니.
오늘 밤은 단어를 좀 외우고 성경도 영어로 읽고 잘 거다.

너희 중에 누구든지 지혜가 부족하거든
모든 사람에게 후히 주시고
꾸짖지 아니하시는 하나님께 구하라
그리하면 주시리라
야고보서 1:5

3. 남동생이 된 부인

결혼 전, 저녁을 먹으면 큰일나는 줄 알았고
결혼 초, 반 그릇 먹어도 배부르던 새댁이었는데…

어느새 남편보다 더 많이 먹으며 수유 핑계를 대고 있다.

남동생이랑 먹는 것 같다던
남편의 한마디가 참으로 웃프다.

기다려보시게.
때가 되면 예전의 나로 돌아갈 텡께…

너의 행사를 여호와께 맡기라
그리하면 네가 경영하는 것이 이루어지리라
잠언 16:3

그들이 조반 먹은 후에
예수께서 시몬 베드로에게 이르시되
요한의 아들 시몬아 네가 이 사람들보다
나를 더 사랑하느냐 하시니
이르되 주님 그러하나이다
내가 주님을 사랑하는 줄 주님께서 아시나이다
이르시되 내 어린 양을 먹이라 하시고
또 두 번째 이르시되 요한의 아들 시몬아
네가 나를 사랑하느냐 하시니
이르되 주님 그러하나이다
내가 주님을 사랑하는 줄 주님께서 아시나이다
이르시되 내 양을 치라 하시고
세 번째 이르시되 요한의 아들 시몬아
네가 나를 사랑하느냐 하시니
주께서 세 번째 네가 나를 사랑하느냐 하시므로
베드로가 근심하여 이르되
주님 모든 것을 아시오매
내가 주님을 사랑하는 줄을 주님께서 아시나이다
예수께서 이르시되 내 양을 먹이라
요한복음 21:15-17

4. 예쁜 짓

미워할래야 미워할 수 없는 것이 자식인 게지.
기저귀 떼기 트레이닝 중인 녀석…

바지에다 오줌 싼 주제에
아이스크림 달라고 큰소리다.

콱마. 씨마. 요고요고 오늘마.
부글부글 끓는데 참고
예쁜 짓을 해야 주든지 하지, 했더니…
씨익 웃으며 예쁘은~ 짓~ 한다.

걍 빵터짐. ㅜㅜ

솔로몬이 술람미 여인을 사랑했듯이
주님이 변덕쟁이인 나를 끝까지 사랑하듯이
오늘도 바지에 쉬야를 시도 때도 없이
그것도 소파 위에서 하든…
나는 너를 싸릉헌다.
(훈훈한 마무리)

우리가 아직 죄인 되었을 때에
그리스도께서 우리를 위하여 죽으심으로
하나님께서 우리에 대한 자기의 사랑을 확증하셨느니라
로마서 5:8

사랑은 오래 참고 사랑은 온유하며 시기하지 아니하며
사랑은 자랑하지 아니하며 교만하지 아니하며
고린도전서 13:4

5. 돌아서면 밥 차릴 시간

9:00AM

12:00PM

더운 여름 아침…
아들 아침밥과 딸 이유식을
땀 뻘뻘 흘려가며 준비하는 데 1시간… (내가 좀 마이 느림)
먹이는 데 1시간.
(온갖 협박을 가하며… 가령 밥 안 먹으면 치과 가서 주사 맞는다?)
수북이 쌓인 설거지 하는데 1시간.
(사이사이 두 분의 요구사항이 많아져서 계속 끊김)

그러다 보면 어느새 점심 차려야 할 시간이다.
난 아직 화장실도 한 번 못갔는데?
모닝커피 한 잔 못마셨는데?
아침에 일어난 그지꼴로 점심을 준비하며…
소심하게 결단해본다.

내일은 새벽에 일어나서 먼저 말씀묵상과 기도로 하루를 시작해야지.
그리고 아침을 미리 준비해두고 하루를 알차게 써야지. 그래야지!
그럴 것이다. 내일은…

예레미야가 아직 시위대 뜰에 갇혀 있을 때에
여호와의 말씀이 그에게 두 번째로 임하니라 이르시되
일을 행하시는 여호와, 그것을 만들며 성취하시는 여호와,
그의 이름을 여호와라 하는 이가 이와 같이 이르시도다
너는 내게 부르짖으라 내가 네게 응답하겠고
네가 알지 못하는 크고 은밀한 일을 네게 보이리라
예레미야 33:1-3

그런즉 너는 너와 함께 온 네 주의 신하들과 더불어
새벽에 일어나라 너희는 새벽에 일어나서 밝거든
곧 떠나라 하니라
사무엘상 29:10

6. 니들이 엄마를 재운다

너를 낮추시며 너를 주리게 하시며
또 너도 알지 못하며 네 조상들도 알지 못하던
만나를 네게 먹이신 것은
사람이 떡으로만 사는 것이 아니요
여호와의 입에서 나오는 모든 말씀으로 사는 줄을
네가 알게 하심이니라
신명기 8:3

두 녀석을 재우고 해야 할 일들이 산더미다.

밀린 설거지… (해도해도 끝도 없이 쌓이는…)
소파 위에 수북이 쌓인 빨래… (이틀째 바구니에 있었…)
온 거실에 널부러진 장난감들… (다 갖다 버리고 싶…)

집안일 후엔…
오늘의 말씀, 기도, 전도 묵상 마무리…
(해놓고 단카방에 못올리는 날도 많음;)
마감일 다가오는 그림 작업…
(하루 얼굴 그리고 담 날 몸통, 그 담 날 발 그림…)
그리고 요즘 물오른 육아그림일기…
(지속해서 책으로 만들고 싶은…)

그.러.나.
현실은…
예배도 드리고 책도 엄청시리 읽어줬잖아…
왜 안 잠?
깜깜한 어두움 속에서 불굴의 의지로
잠들기 직전까지 눈을 뜨고 있는
우리 아들… (어두움과 눈싸움, 절대 지지 않으려는…)
언제부턴가 앉았다 엎드렸다 다이빙을 무한 반복하는
우리 딸…

하아… 결국 나는 오늘도 재우러 들어갔다가
재움을 당하고 만다…
할 거 많은데… 자면 안 되는데…
나는 또 잠이 든다; 스르륵…
씻지도 못했는데…
남편님아… 좀 깨워주지… 너무 하네.
(새벽 2시에 일어나서 씻고 다시 잔 적도 많음)

시험에 들지 않게 깨어 기도하라
마음에는 원이로되 육신이 약하도다 하시고
마태복음 26:41

근신하라 깨어라
너희 대적 마귀가 우는 사자 같이
두루 다니며 삼킬 자를 찾나니
베드로전서 5:8

7. 내면세계의 질서

엄마의 따뜻한 품이
그리웠을 첫째 아이…
종일 혼만 낸 거 같다.

많이 안아줄걸…

말씀을 듣고 나니
내 마음이 정리가 된다.

또 다시 갱신하는 밤…

감정기복이 심했던 하루…
폭발했다가 깔깔대다가 힘들었다가,

두 녀석이 쿨쿨 자고 있는 고요한 시간.
말씀을 묵상하고 나니
나의 생각도 영혼도 정리가 되는 듯
역시나 말씀만이 가능하게 한다.

내일은 더더욱 내면세계의 질서를 가지고
두 아이를 사랑해야겠다.

오직…

너희는 그 은혜에 의하여 믿음으로 말미암아 구원을 받았으니
이것은 너희에게서 난 것이 아니요 하나님의 선물이라
행위에서 난 것이 아니니 이는 누구든지 자랑하지 못하게 함이라
에베소서 2:8-9

하나님의 말씀은 살아 있고 활력이 있어
좌우에 날선 어떤 검보다도 예리하여
혼과 영과 및 관절과 골수를 찔러 쪼개기까지 하며
또 마음의 생각과 뜻을 판단하나니
히브리서 4:12

8. 인간 알람시계

우리집 구성원이 일어나기 전까지
꺼지지 않는 알람시계가 있다.

알람벨은 〈장난감 놀자!〉

이 소리가 얼마나 공포스러운지 모르겠다.
누가 시킨 적도 없는데 넘치는 책임감으로
배터리가 닳지도 않고 3년째 지속해서 알람벨을 울린다.

논문 준비로 바쁜 아빠는 새벽 3-4시에 주로 자고,
다 자는 밤에야 그림 작업을 하는 엄마도 주로 새벽 2시에 눕는데
올빼미족 아빠와 엄마는 이 알람시계 덕분에
강제 아침형 인간으로 거듭난다.

아침마다 권징하시며
순간마다 단련하시나이까
욥기 7:18

그는 돋는 해의 아침 빛 같고
구름 없는 아침 같고
비 내린 후의 광선으로 땅에서
움이 돋는 새 풀 같으니라 하시도다
사무엘하 23:4

9. 다 너희를 위해서란다

콧물 줄줄
코가 막혀서 고생 중인 울 아가들

코 좀 빼자~

흡!!
안 돼~
안 돼!!!!!
파닥파닥

으아아앙~!!!!

첫째가 시작하면 곧 바로 둘째까지 콧물 릴레이.
누런 콧물을 줄줄 흘리기에 좀 빼주려는데
흐미… 어찌나 싫어하는지…
또 힘은 왜 이리도 쎈지…
두 녀석 코 빼다가 진이 다 빠진다.

울고불고, 온몸으로 막아내는 통에
나도 온 힘을 다해 붙들고 코 뺀다고 쌩쑈를…
이게 뭐라고. 이 난리인지
결국 하도 용쓰며 울어대서 눈두덩이에 실핏줄 다 터진 아들.
다 너희를 위한 거란다.

음. 문제와 위기 앞에서
나도 우리 아이들처럼 발버둥치고 있진 않을까?
다 나를 위한 하나님의 계획이 있을 텐데 말이다.

그분의 뜻이 이루어지도록 순종하면
쉽고 평안히 인도받을 텐데
조금만 힘들면 금세 불평불만에
내 힘으로 해결하려 발버둥치는 나…
코 좀 빼주면서 별 생각이 다든다. ㅎㅎ

그런 의미에서 힘 좀 빼고 가만히 코 좀 빼자. 아그들아!!!

네 길을 여호와께 맡기라 그를 의지하면 그가 이루시고
시편 37:5

10. 부럽다…

두 아이를 씻기고 재우는 일이
하루 중 제일 에너지 소비가 큰 일이다.

언제 두 녀석을 씻기고 재우나… 싶은 막막함으로
열심히 씻기고 있는데 남편님께서는
그 밤에 운동을 가신다고 한다.

그 순간만큼은 이 세상에서 제일 부러운 일인이 되신다.
나도 운동다니면 몸짱 될 수 있는데…(풉)
운동하고 개운하게 집에 오면
누가 애들 좀 씻겨 재워주믄 얼마나 좋을까?

오늘도 안 자려고 발버둥치는 아기들을
겨우 겨우 재우고 말씀을 묵상한다.
배설물 잡고 낑낑끙끙 대지 말자.
말씀잡고 내일도 화이팅…
그렇지만… 부럽다…

또한 모든 것을 해로 여김은
내 주 그리스도 예수를 아는 지식이 가장 고상하기 때문이라
내가 그를 위하여 모든 것을 잃어버리고 배설물로 여김은
그리스도를 얻고 그 안에서 발견되려 함이니
내가 가진 의는 율법에서 난 것이 아니요
오직 그리스도를 믿음으로 말미암은 것이니
곧 믿음으로 하나님께로부터 난 의라
내가 그리스도와 그 부활의 권능과 그 고난에 참여함을 알고자 하여
그의 죽으심을 본받아 어떻게 해서든지 죽은 자 가운데서
부활에 이르려 하노니 내가 이미 얻었다 함도 아니요
온전히 이루었다 함도 아니라
오직 내가 그리스도 예수께 잡힌 바 된 그것을 잡으려고 달려가노라
형제들아 나는 아직 내가 잡은 줄로 여기지 아니하고
오직 한 일 즉 뒤에 있는 것은 잊어버리고 앞에 있는 것을 잡으려고
푯대를 향하여 그리스도 예수 안에서
하나님이 위에서 부르신 부름의 상을 위하여 달려가노라
빌립보서 3:8-14

11. 몰라줘서 미안해

하도 울길래 먹여주다 말고 혼자 먹게 나뒀는데…

그랬던 거였구나…
…혼자 먹고 싶었던 거였어…
우리 아기… 많이 컸구나…

이유식 완료기 단계인 둘째…
오빠랑 같은 국, 반찬을 조금씩 먹이려는데,
한 며칠 동안 밥만 먹이려고 하면 우는 것이 아닌가.

하루 이틀은 몸이 안 좋아서 이러나…
맛이 없어서 그러나… 했다가…
애타는 마음 + 부글거림… ㅋㅋㅋ
(이 더운날 땀 흘리며 정성껏 만들었으나 연속 퇴짜…)
포기하는 심정으로 조미김 뿌려 작은 주먹밥 던져주니
자기 손으로 냠냠냠 먹는 게 아닌가. 하아…

그랬던 거였다. 자기가 먹고 싶단 뜻이었다.
하아… 그렇게 해서 한 그릇을 뚝딱 먹어치우더군.
저 어린것이 말은 못 하고 얼마나 답답했을꼬… ㅎㅎ
몰라줘서 미안해.

어느새 이렇게 자랐구나 싶고
기분이 몹짭찌근한 것이.
웃픈 밤이다.

예수는 지혜와 키가 자라가며
하나님과 사람에게
더욱 사랑스러워 가시더라
누가복음 2:52

너의 지혜와 키가 자라 하나님과 사람에게
더욱 사랑스러워 가고 있음에 감사하며…
근데 좀만 더 천천히 자라주라. 아쉬우니깐.

12. 나의 훼방꾼들

설교 말씀 좀 들으라고 하면…

운동 좀 할려고 하면…

아이들이 깨어있는 시간엔
감히 나를 위한 어떤 것도 허락되지 않는다.

장난감 가지고 놀 동안 설교 말씀 좀 들어볼까? 싶어
책상은 꿈도 못 꾸고 아이들 옆에 자리 좀 잡으면
어슬렁 어슬렁 한 두넘씩 매달리기 시작…

둘째 낳고 일 년이 지났지만
여전히 부은 몸… 살 좀 **빼볼까** 싶어
스트레칭 좀 하려고 하면 올라타고 잡아당기고 난리.

아아… 날 좀 내버려둬…
너희끼리 좀 놀면 안 되겠니?

하아. 오늘도 시도만 하다가 말았다지.
에라 모르겠다. 드러누워 같이 놀기…

영적서밋, 기능서밋, 문화서밋은…
이렇게 다 자는 밤에 혼자 누리는 걸로… ㅎ

나는 비천에 처할 줄도 알고 풍부에 처할 줄도 알아
모든 일 곧 배부름과 배고픔과 풍부와 궁핍에도 처할 줄 아는
일체의 비결을 배웠노라
빌립보서 4:12

13. 엄마의 두 가지 마음

자는 모습을 보노라면
정말 사랑스러움의 극치

그러나 눈만 뜨면 전쟁…

흠… 이 어린 것을
학교에 보낸다니…

그 짠한 마음도 잠시!

상상만 해도 신이 나는 것을~

밤에 새근새근 잠들어 있는 아이를 보면
하루 동안 못해준 게 너무 많아 미안해서
내일은 더 많이 사랑해줘야지! 하지만…
아침에 눈 뜨자마자 어제의 마음은 어데로 갔는지,
다시 버럭의 엄마가 된다.

이제 처음으로 학교란 곳을 간다 생각하니
내 품을 벗어나서 이 장난꾸러기가 잘 하겠나…
싶어 내심 더 데리고 있을까… 싶다가도 무신 소리!!!
어여 그날이 오기를 바라며 초특급 울트라 신나기도 한다.

육아에서 가장 중요한 건 엄마의 일관성이라지만
고것이 참 힘든 이 엄마의 두 가지 마음…

육아가 어렵다 힘들다 누구나 말하는 그거 말고
나는 과연 이 속에서 절대목표의 시간을 가지고
유일성을 누리고 있느냐?

세상의 방법 세상의 소리 말고 하나님의 음성에 귀 기울이며
복음 누림의 일관성을 보이는 엄마가 되길…

하나님이여 내 마음이 확정되었고
내 마음이 확정되었사오니
내가 노래하고 내가 찬송하리이다
시편 57:7

너희 안에서 착한 일을 시작하신 이가
그리스도 예수의 날까지 이루실 줄을
우리는 확신하노라
내가 너희 무리를 위하여
이와 같이 생각하는 것이 마땅하니
이는 너희가 내 마음에 있음이며
나의 매임과 복음을 변명함과 확정함에
너희가 다 나와 함께 은혜에 참여한 자가 됨이라
빌립보서 1:6-7

14. 참아야 하느니라!

지독한 장염이 왔다.
천진난만한 아그들이
알아 줄 리 없고 그저 이겨 내야 한다.

장이 뒤틀리듯 아파서
당장 화장실로 뛰쳐 가고 싶지만
잠들 때까지 참아야 하느니라…

엄마에게 excuse란 있을 수 없다는 것을…
오직 그 분께 excuse me를 외쳐본다.
주여!

그리고
차라리 내가 아픈 게 낫다.
우리 아기가 아픈 것보다는…

누구든지 주의 이름을 부르는 자는 구원을 받으리라
로마서 10:13

그러나 내 하나님 여호와여 주의 종의 기도와 간구를 돌아보시며
이 종이 오늘 주 앞에서 부르짖음과 비는 기도를 들으시옵소서
열왕기상 8:28

그러나 하나님이 실로 들으셨음이여 내 기도 소리에 귀를 기울이셨도다
시편 66:19

내가 진실로 진실로 너희에게 이르노니
내 말을 듣고 또 나 보내신 이를 믿는 자는 영생을 얻었고
심판에 이르지 아니하나니 사망에서 생명으로 옮겼느니라
요한복음 5:24

15. 내 사랑 오징어

오징어야 사랑해.

사랑하는 자들아 하나님이 이같이 우리를 사랑하셨은즉
우리도 서로 사랑하는 것이 마땅하도다
요한일서 4:11

이와 같이 남편들도 자기 아내 사랑하기를 자기 자신과 같이 할지니
자기 아내를 사랑하는 자는 자기를 사랑하는 것이라
에베소서 5:28

16. 처음이라 서툰 거야

엄마도 엄마가 처음이듯,
너도 모든 것이 처음이라 서툰 건데
찬찬히 가르쳐주고 기다려주지 못해 미안해.
이제서야 깨달아서 정말 미안해.

P.S. 브레이크 심하게 밟는 차에서
　　토할 것 같은 거 참고 목숨 건 강습해주신
　　남편님께 심심한 감사를…
　　(당신도 이런 강습은 처음이었을 텐데…)

파수꾼이 아침을 기다림보다
내 영혼이 주를 더 기다리나니
참으로 파수꾼이 아침을 기다림보다 더하도다
시편 130:6

누구든지 내게 들으며 날마다 내 문 곁에서 기다리며
문설주 옆에서 기다리는 자는 복이 있나니
잠언 8:34

그러나 여호와께서 기다리시나니
이는 너희에게 은혜를 베풀려 하심이요
일어나시리니 이는 너희를 긍휼히 여기려 하심이라
대저 여호와는 정의의 하나님이심이라
그를 기다리는 자마다 복이 있도다
이사야 30:18

17. 혼자만의 시간

새벽 1시…

이 밤의 끝을 잡고~

피곤하다…
하지만 잠들기 아까운 밤…
이 고요한 혼자만의 시간…
작품 활동의 욕구가 끓어오르는 이 시간…
그러나 자야 한다…
내일 꼭두새벽부터
나를 깨울 그들이 있기에…
그러나 무언가 해야만 할 거 같은…
하루 중 유일한 혼자만의 시간…

⋯ 조용

이 고요함…
오랜만이다…

⋯

알아,
자야 한다는 걸,

알아,
내일 피곤에 쩔어 겔겔 거릴 거라는 것을,

하지만
아무도 말 걸지 않고
아무것도 요구받지 않는
오롯이 혼자만의 시간이
너무나도 행복한걸…
(헛소리 그만하고 자라.)

P.S. 애 엄마가 되기 전에는 몰랐다.
혼자만의 시간이 이렇게 달콤하다는 것을…

여호와께서 집을 세우지 아니하시면
세우는 자의 수고가 헛되며
여호와께서 성을 지키지 아니하시면
파수꾼의 깨어 있음이 헛되도다
시편 127:1

수고하고 무거운 짐 진 자들아
다 내게로 오라 내가 너희를 쉬게 하리라
마태복음 11:28

18. 베스트 드라이버가 되는 그날까지!

처음으로 도로주행하던 날…

10분 거리에 있는 교회에 도착해서야
나는 참았던 눈물을 쏟고야… 말았다.

나는 언제쯤…
옛날을 추억하며,

한 손엔 버거를
또 한 손엔 핸들을 잡는
여유를 가져볼 수 있을까…

운전하는 모든 사람이
존경스럽다.

제가 운전하는 동안
같은 길을 달린
내 앞차 옆 차, 뒤차 분들께
깊이깊이 사과의 말씀을 드립니다.

점점 이 길이 위험해지오니
각별히 저를 조심하시기 바랍니다.

이번 주 강단 말씀대로
하나님의 절대 주권을 믿고
담대히 운전할 수 있기를!
(천군, 천사들이 바빠지겠구만.)

첫 도로주행에서 살아남은
이 모든 것이 하나님의 은혜라…

이르시되 내가 은혜 베풀 때에 너에게 듣고
구원의 날에 너를 도왔다 하셨으니
보라 지금은 은혜 받을 만한 때요
보라 지금은 구원의 날이로다
고린도후서 6:2

그러나 내가 나 된 것은 하나님의 은혜로 된 것이니
내게 주신 그의 은혜가 헛되지 아니하여
내가 모든 사도보다 더 많이 수고하였으나
내가 한 것이 아니요 오직 나와 함께 하신 하나님의 은혜로라
고린도전서 15:10

두려워하지 말라 내가 너와 함께 함이라
놀라지 말라 나는 네 하나님이 됨이라
내가 너를 굳세게 하리라 참으로 너를 도와 주리라
참으로 나의 의로운 오른손으로 너를 붙들리라
이사야 41:10

이… 이런 날도 올 거야… 언젠가는…

19. 재앙의 흐름을 막을 자

에너지 넘치는 우리집 아그들.
재우기 전, 에너지 방전용 욕조 물놀이!

얼른 들어올려 변기에 앉혔더니...
1초도 안 되서 퐁! 하고 팔뚝만한 무언가가
떨어졌다...후아...

하마터면 욕조 안에 대재앙이 일어날뻔...

엄마의 재빠른 대처로
무슨 일 있었냐는 듯 다시 신나게 물놀이를...

이번 주 주일 강단이
재앙의 흐름을 막아라… 였는데ㅋㅋ
말씀 성취의 응답을 누렸네?
ㅋㅋㅋ

아빠 학교가 시작되고
독박육아의 압박이 밀려오는 지금,

다시금… 재앙같은 육아의 흐름이 아닌
은혜 넘치는 육아의 흐름이 되도록
깊은 기도 속에서 말씀 잡고
내일은 더 감사히 두 아이와 시간을
보내야겠… 보내보도록… 할… 하겠…지?ㅎ

예수께서 그리스도이심을 믿는 자마다 하나님께로부터 난 자니
또한 낳으신 이를 사랑하는 자마다 그에게서 난 자를 사랑하느니라
우리가 하나님을 사랑하고 그의 계명들을 지킬 때에
이로써 우리가 하나님의 자녀를 사랑하는 줄을 아느니라
하나님을 사랑하는 것은 이것이니 우리가 그의 계명들을 지키는 것이라
그의 계명들은 무거운 것이 아니로다 무릇 하나님께로부터 난 자마다
세상을 이기느니라 세상을 이기는 승리는 이것이니 우리의 믿음이니라
요한일서 5:1-4

20. 고마워 아들

도로운전 두 번째 날.
밤 운전은 처음이던 날.
떨리는 마음으로… 운전대를 잡는데
아들의 한마디가 어찌나 큰 힘이 되던지…

그 와중에 세상 걱정없는 우리 둘째는
엄마를 100% 믿고 쿨쿨 잠이 드셨다.

이 날도 어김없이 엉망진창이었지만.
첫날보다 덜 떨렸고
신호등이 보였고
옆 차, 뒤차들이 보였다는…

그렇게 무사히… 우리 가족을 집으로 데려왔다…

아들의 한마디가
큰 힘이 되던 밤.

언제 이렇게 커서
엄마한테 힘주는 말도
하는 거냐.

고마워.

우리의 모든 환난 중에서 우리를 위로하사
우리로 하여금 하나님께 받는 위로로써
모든 환난 중에 있는 자들을
능히 위로하게 하시는 이시로다
고린도후서 1:4

이로 말미암아 우리가 위로를 받았고
우리가 받은 위로 위에 디도의 기쁨으로
우리가 더욱 많이 기뻐함은
그의 마음이 너희 무리로 말미암아
안심함을 얻었음이라
고린도후서 7:13

21. 오줌 풀장

두 녀석 보면서 화장실 가는 것도 쉽지 않은 일~
깔깔깔 웃고 잘 놀길래 안심하고 볼일을 보고 나왔는데…

오늘도 나는 그렇게 나의 한계를 맛보았다고 한다.

하루에도 몇 번씩…
머리에서 쥐가 나는 육아데이.
참으로 이쁘지만 때로는 웬수같은
이 느낌적인 느낌은 뭐지.

이번 한 주간… 나의 한계를
임마누엘 누림으로 뛰어넘기로
하나님 앞에 결단했는데
여러 번 한계를 맛보는 24시다.

그럴 수도 있지… 하고
가볍게 여겨도 될 법한 일들에도
우아아아아아! 폭발하는 나는 한계투성이.

그래서 더욱더 그리스도가 필요한 나…

그래서 말씀을 다시 잡게 되니 감사하다.

내가 부득불 자랑할진대 내가 약한 것을 자랑하리라
고린도후서 11:30

내가 이런 사람을 위하여 자랑하겠으나
나를 위하여는 약한 것들 외에 자랑하지 아니하리라
고린도후서 12:5

너는 내일 일을 자랑하지 말라
하루 동안에 무슨 일이 일어날는지 네가 알 수 없음이니라
잠언 27:1

22. 예수님 어디에 계세요?

평상시 내가 늘 아들한테 하던 말을
아들에게 들으니 웃기기도 하면서…
다시금 나를 돌아보게 된다.

나 중심적인 영적 상태로 육아를 하니
계속 화가 나고 혼내는 게 아닐까?
아이가 문제가 아니라 내가 문제였다는 사실…

예수께서 나아와 말씀하여 이르시되
하늘과 땅의 모든 권세를 내게 주셨으니
그러므로 너희는 가서 모든 민족을 제자로 삼아
아버지와 아들과 성령의 이름으로 세례를 베풀고
내가 너희에게 분부한 모든 것을 가르쳐 지키게 하라
볼지어다 내가 세상 끝날까지
너희와 항상 함께 있으리라 하시니라
마태복음 28:18-20

섣불리 교만도 낙심도 하지 말자.
언약 안에서 너도 나도 자라는 중이니까…

너와 엄마가 자라는 시간…
근데 엄마도 너처럼 키가 계속
자랐으면 좋겠다. ㅋㅋㅋ

23. 아들의 기도

오직 성령이 너희에게 임하시면
너희가 권능을 받고 예루살렘과 온 유대와
사마리아와 땅끝까지 이르러
내 증인이 되리라하시니라
사도행전 1장 8절 말씀!

3살 아들
발음 그대로

아멘!

말씀을 외우고 마음에 새기면
하나님이 기뻐하시고 축복하시지요?
라고 했더니...

하나님...
아이언맨 큰 거도 사주고,
헐크도 큰 거 사주고...
아멘

나름 진지함...

...하아...
웃프다...

아들이 생각하는 축복 = 장난감
기도를 듣는데 웃음 참느라 혼났다.

그 순수한 믿음을
하나님께서 들으시고
외할머니의 마음을 움직이사
조만간 사주신다고 하셨다.

이르시되 진실로 너희에게 이르노니
너희가 돌이켜 어린 아이들과 같이 되지 아니하면
결단코 천국에 들어가지 못하리라
마태복음 18:3

영적인 비밀을
알고 누리고 증거하는
서밋이 되는 그날까지…

이 애미는 힘써 너에게
말씀을 각인시킬 것을 다짐한단다. ㅎ

왕이여 우리가 섬기는 하나님이 계시다면
우리를 맹렬히 타는 풀무불 가운데에서 능히 건져내시겠고
왕의 손에서도 건져내시리이다
그렇게 하지 아니하실지라도
왕이여 우리가 왕의 신들을 섬기지도 아니하고
왕이 세우신 금 신상에게 절하지도 아니할 줄을 아옵소서
다니엘 3:17-18

그렇게 하지 아니하실지라도…

아멘…

뜻을 정한 다니엘과 세 친구들처럼…
여호와 하나님만 바라보며
말씀만 따라 가리다.

내가 이제 조서를 내리노라
내 나라 관할 아래에 있는 사람들은
다 다니엘의 하나님 앞에서 떨며 두려워할지니
그는 살아 계시는 하나님이시요 영원히 변하지 않으실 이시며
그의 나라는 멸망하지 아니할 것이요 그의 권세는 무궁할 것이며
그는 구원도 하시며 건져내기도 하시며
하늘에서든지 땅에서든지 이적과 기사를 행하시는 이로서
다니엘을 구원하여 사자의 입에서 벗어나게 하셨음이라 하였더라
다니엘 6:26-27

애 둘 엄마에서
애 셋 엄마가 된
이 시점…

하하하하하하…

축복과 축하보다는
걱정과 염려의 소리가 많았던
그때가 떠오른다.

그때까지만 해도
꿈에도 몰랐다.

애 셋 육아가 얼마나
절실히 하나님의 은혜가
필요하고 간절한지를…

보라 자식들은 여호와의 기업이요
태의 열매는 그의 상급이로다
젊은 자의 자식은
장사의 수중의 화살 같으니
이것이 그의 화살통에
가득한 자는 복되도다
그들이 성문에서 그들의 원수와
담판할 때에 수치를 당하지
아니하리로다
시편 127:3-5

2장

애 둘 엄마에서
애 셋 엄마로
정정

1. 엄마의 식사

애들 남긴 밥 먹는 것이 어떠랴
뭣이 중헌디!

울 아이들이 그리스도 안에서
쑥쑥 잘 자라준다면야…

두 귀빈을 고이 재우고
나는 영의 양식을 채우러 책상 앞에 앉았다.
캬… 고요한 이 혼자만의 시간,
좋구먼.

제발 푹 오래오래
깨지 말고 잘 자거라.

예수께서 대답하여 이르시되 기록되었으되
사람이 떡으로만 살 것이 아니요
하나님의 입으로부터 나오는 모든 말씀으로 살 것이라
하였느니라 하시니
마태복음 4:4

2. 그림의 떡

학교가 근처라
멋진 다운타운을 늘상 오가는
남편이 부럽다.

그러나 그는 복잡한 그곳을
굉장히 싫어라한다.
그래서 구경하기 힘든 곳.
애들 데리고 가기 더더욱 힘든 곳.

아이 둘을 돌보다 보면
하늘 한 번 쳐다 볼 여유가 없는데…
나도 자유로운 몸이 되어
다운타운 거리를 거닐고 싶구나.

그리스도께서 우리를 자유롭게 하려고
자유를 주셨으니 그러므로 굳건하게 서서
다시는 종의 멍에를 메지 말라
갈라디아서 5:1

이는 그리스도 예수 안에 있는 생명의 성령의 법이
죄와 사망의 법에서 너를 해방하였음이라
로마서 8:2

3. 입덧

첫째 때는 고기가 그렇게 땡겼고,
둘째 때는 비빔국수를 밤마다 그렇게 먹었고
셋째 때는 과일이…

그때그때 달라요.

이번엔 쌀밥이 쓰다.
매끼 밥맛이 없어서 먹는 낙이 없네…
이번엔 어떤 녀석일까나?

한 배에서 나와도 제각기 다른 아이들,
참 신기하다.

그나저나…

사람이 떡으로만 사는 것이 아니요
여호와의 입에서 나오는 모든 말씀으로 사는 줄을
네가 알게 하려 하심이니라
신명기 8:3

P.S. 고만 먹자…

4. 엄마가 되고 알게 되는 것들

내가 초딩 때 엄마는 좋겠다… 라고
생각한 적이 있었다.

일어나야지.
밥 먹어.
숙제 안 하냐?
방 청소 해라.

폭풍 잔소리 중ㅋㅋ

학교도 안 가니까 잠도 푹 잘 거고
숙제도 시험도 없으니까 맨날 놀 거고
맨날 잔소리만 하면 되니까
엄마는 참 좋겠다… 생각했다.

지금도 나와 우리 집 일에
나보다도 더 많이 생각하고
챙기는 우리 엄마.

엄마의 사랑과 헌신 속에서
어느덧 내가 자라서
이렇게 세 아이의 엄마가 되고
그 세 아이가 내 사랑과 헌신 속에서
또 자라고 있군요.

왜 그때는 알지 못했을까요?

참으로 죄송하고
또 감사합니다.

의인의 아비는 크게 즐거울 것이요
지혜로운 자식을 낳은 자는
그로 말미암아 즐거울 것이니라
네 부모를 즐겁게 하며
너를 낳은 어미를 기쁘게 하라
잠언 23:24-25

5. 의지박약

대기 후보였던 프리스쿨에서
내일부터 첫째 아이 나와도 된다는 연락을 받고선
어찌나 기쁘던지. 룰루랄라 신이 났다.

보내고 나서 이제 작업 좀 해야지~~ 유후~

학교 보내기까지 너무 에너지를 쏟았던
임산부 엄마는 오늘도 이렇게 황금같은 시간을…
.
.
어느덧 아들이 올 시간이다.

아들이 학교 간 시간 = 엄마의 재충전의 시간
근데 왜 가자마자 오는 거야? ㅋㅋㅋ

데리고 있을 땐,
큰 아이만 잠시 보내면
뭐라도 할 수 있을 것 같았는데

그동안 못잔 잠만 늘어지게 잔다.

고만자고…

나에게 주신 그 황금같은 시간에
후대를 위한 작품을 남기자.

오늘의 것을… 작품으로!
24시, 25시, 영원의 비밀 속으로!

게으른 자여 네가 어느 때까지 누워 있겠느냐
네가 어느 때에 잠이 깨어 일어나겠느냐
좀더 자자, 좀더 졸자, 손을 모으고 좀더 누워 있자 하면
네 빈궁이 강도 같이 오며 네 곤핍이 군사 같이 이르리라
잠언 6:9-11

게으르지 아니하고
믿음과 오래 참음으로
말미암아 약속들을
기업으로 받는 자들을
본받는 자 되게 하려는 것이니라
히브리서 6:12

6. 말씀 안에서의 나

금요 예배에서 에스겔 말씀을 받던 중…
매일 하나님이 주시는 말씀 속에서
자기 자신을 발견해야 한다고 하셨다.

사도바울이 감옥에서 하나님의 계획을 발견하는 축복을 누렸듯
요셉이 외로움 중에서 깊은 임마누엘의 비밀을 누렸듯

나 또한 말씀 속에서
하나님이 부르신 "나"를 찾는
정시기도를 제대로 회복하길-

말씀을 마음에 새기며-

세상이 혼란스럽고 어지러운 지금…
육아맘의 하루하루가 고단한 지금…
잠잠하게 주를 보리라.

오늘 내가 네게 명하는
이 말씀을 너는 마음에 새기고
네 자녀에게 부지런히 가르치며
집에 앉았을 때에든지 길을 갈 때에든지
누워 있을 때에든지 일어날 때에든지
이 말씀을 강론할 것이며
신명기 6:6-7

내 아들아 내 말을 지키며 내 계명을 간직하라
내 계명을 지켜 살며 내 법을 네 눈동자처럼 지키라
이것을 네 손가락에 매며 이것을 네 마음판에 새기라
잠언 7:1-3

7. 분노게이지

두 녀석과 함께 무거운 몸뚱이도... 일어나 기분 좋게(?) 하루 시작.

말씀 에너지가 방전되면
슬슬 올라오는 분노게이지…

다 재운 밤,
말씀으로
다시 충전 완료.

모든 지킬 만한 것 중에 더욱 네 마음을 지키라
생명의 근원이 이에서 남이니라
구부러진 말을 네 입에서 버리며
비뚤어진 말을 네 입술에서 멀리 하라
네 눈은 바로 보며 네 눈꺼풀은 네 앞을 곧게 살펴
네 발이 행할 길을 평탄하게 하며 네 모든 길을 든든히 하라
좌로나 우로나 치우치지 말고 네 발을 악에서 떠나게 하라
잠언 4:23-27

8. 되어가는 중

엄마인 나는…
창세기 3장, 나 중심적인 육아로…

무기력

좌절

피곤

분노

속에서 매번 허덕이지만,

나는 지금,
정금이 되려고…
단련되는 과정이다.

나의 길을 아시는 오직 그분만 따라…

그러나 내가 가는 길을 그가 아시나니
그가 나를 단련하신 후에는
내가 순금 같이 되어 나오리라
욥기 23:10

P.S. 하나님,
저 지금 잘 하고 있는 거
맞나요?

네 마음을 다하며 목숨을 다하며
힘을 다하며 뜻을 다하여
주 너의 하나님을 사랑하고
또한 네 이웃을 네 자신 같이
사랑하라 하였나이다
누가복음 10:27

9. 멍미

〈마음속에 근심있는 사람〉

작사 : J.E. Rankin 작곡 : E.S. Lorenz

1. 마음 속에 근심있는 사람 주 예수 앞에 다 아뢰어라
   슬픈 마음 있을 때에라도 주 예수께 아뢰라

2. 눈물 나며 깊은 한숨 쉴 때 주 예수 앞에 다 아뢰어라
   은밀한 죄 네게 있더라도 주 예수께 아뢰라

3. 괴로움과 두려움 있을 때에 주 예수 앞에 다 아뢰어라
   내일 일을 염려하지 말고 주 예수께 아뢰라

후렴) 주 예수 앞에 다 아뢰어라 주 우리의 친구니
　　　무엇이나 근심하지 말고 주 예수께 아뢰라

남의 편 말고
주께 아뢰자…

아무 것도 염려하지 말고
다만 모든 일에 기도와 간구로,
너희 구할 것을 감사함으로
하나님께 아뢰라
빌립보서 4:6

내가 환난 중에서 여호와께 아뢰며
나의 하나님께 아뢰었더니
그가 그의 성전에서 내 소리를 들으심이여
나의 부르짖음이 그의 귀에 들렸도다
사무엘하 22:7

10. 끊임없이 먹는다

우리 넘버 쓰리… 임신 중기…

먹고

먹고 먹고

먹고
먹고
먹고

또 먹는다.

끊임없이 시도 때도 없이 먹는다.
그나저나 막내가 아들이라고 한다···
그럴 줄 알았다.

입덧이 없는 대신
무지막지하게 먹어대는 스타일.

둘 다 엄청나게 쪘다가
모유수유로 다 빠져서
이번에도 그러할 거라
믿어보지만.
(셋째 때는 안 빠진다고 함…)

이번엔 아마도 초절정 몸무게를 찍을 것 같은 느낌… 또르르

끊임없이 먹는구만,
라고 남편이 그랬다.
그렇다…
내가 먹는 게 아니고 얘가 먹는 거야!
변명 아닌 변명을 해본다.

나와 태아가 건강하면 되는 거 아니겠소.

최고의 태교는 뭐니 뭐니해도
복음 누림, 24시 누림!

끝도 없이 먹으며 너무 누리는 것 같지만,
이런 호사도 이번이 마지막이다. ㅎ

먹는 자는 먹지 않는 자를 업신여기지 말고
먹지 않는 자는 먹는 자를 비판하지 말라
이는 하나님이 그를 받으셨음이라
로마서 14:3

보라 네 문안하는 소리가 내 귀에 들릴 때에
아이가 내 복중에서 기쁨으로 뛰놀았도다
주께서 하신 말씀이 반드시 이루어지리라고
믿은 그 여자에게 복이 있도다
누가복음 1:44-45

11. 나 같아도 싫겠다… 이런 엄마…

욕조에서
동생 밀지 말랬지!!!

침대에서
점프하지 말랬잖아!!!!

손 들에!!!

나 같아도 싫겠다… 이런 엄마…
악마같은 엄마…

어릴 적, 자라면서 싫었던 부분들이
알게 모르게 나에게 각인이 되어있다는 것을
아이를 낳고 키우면서 보인다.

창세기 3장 문제를 단번에 해결하신
그 예수님께서 지금 이 시간,
나의 틀린 것… 복음으로 치유해주시기를
간절히 기도하며.

힘도 아닌
능도 아닌
오직 성령으로.

엄마의 따뜻한 품과
영적인 품에 우리 아이를 안아주자.
그리스도의 사랑을 가지고.

너에게 따뜻한 품을 내어줄 수 있는
그런 영적 여유!

그 순간의 감정에 속지말고
5초만 가만히 기도해보자.
왜 그럴 수밖에 없는
영적 상태였을까?
너와 내가…

노하기를 더디하는 자는
용사보다 낫고
자기의 마음을 다스리는 자는
성을 빼앗는 자보다 나으니라
잠언 16:32

실로 내가 내 영혼으로 고요하고
평온하게 하기를 젖 뗀 아이가
그의 어머니 품에 있음 같게 하였나니
내 영혼이 젖 뗀 아이와 같도다
시편 131:2

12. 히터맨

으슬으슬 추운 겨울날…

왠만한 히터보다 전기장판보다 뜨뜻하고
아무리 사용해도 전기세가 나오지 않아
맘 놓고 사용하는 이… 무언가.

바로 히터맨…
우리 남편!
ㅋㅋㅋㅋㅋㅋ

임산부에게 필요한 롱필로우도
사용 가능함!

하나님께서 나에게 최고의 선물로 주신
동역자, 남편.

겨우내 히터맨 덕분에 춥지 않아요.

사랑해요, 히터맨!

내가 속한 바 곧 내가 섬기는 하나님의 사자가
어제 밤에 내 곁에 서서 말하되
바울아 두려워하지 말라
네가 가이사 앞에 서야 하겠고
또 하나님께서 너와 함께 항해하는 자를
다 네게 주셨다 하였으니
사도행전 27:23-24

단, 여름엔 사용불가!
ㅋㅋ

13. 사치

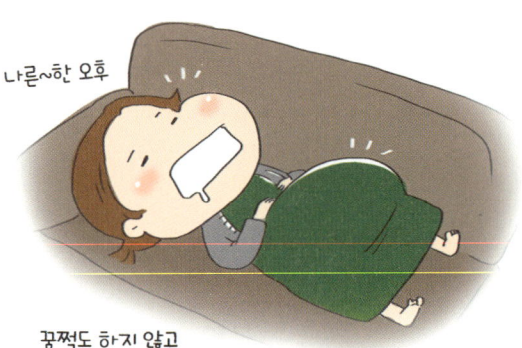

나른~한 오후

꿈쩍도 하지 않고
가만히 누워 있고
싶을 때가 있다.

그러나.
그건 사치일뿐.

안 되는 줄 알면서
아이들 깨어 있을 때
소파라는 곳에
무거운 몸 한 번 뉘어보는
사치를 부려보았다.

결과는 처참했다.

오직 성령의 열매는 사랑과 희락과 화평과
오래 참음과 자비와 양선과 충성과
온유와 절제니 이같은 것을 금지할 법이 없느니라
그리스도 예수의 사람들은 육체와 함께
그 정욕과 탐심을 십자가에 못 박았느니라
만일 우리가 성령으로 살면 또한 성령으로 행할지니
헛된 영광을 구하여 서로 노엽게 하거나
서로 투기하지 말지니라
갈라디아서 5:22-26

나를… 환경을…
넘어서는 유일한 방법은

오직 그리스도
오직 하나님 나라
오직 성령충만

14. 쉽지 않은 길, 셋째 임신

셋째 임신으로 또 다른 나를 만나다.

1. 내 옷장의 옷보다 남편 옷장을 기웃거리며 입을 옷을 고른다.

내 옷은 박스티도 다 작음…

남편 티샤츠

이런 문제가 있었나? 늘 새로움…

2. 시민권 인터뷰 보기 전, 100문제를 틈틈이 외우는데 언제나 처음 보듯 도통 외워지질 않는다.

3. 이제 배가 불러 똑바로 누으면
숨이 차오르지만
두 녀석 잠들 때까지 참아야 한다.

4. 아침에 산발된 머리를 밤까지 그대로 유지한다.

언젠가… 친정엄마가
그러다 김서방이 도망갈 거라고 했다…

좀만 걸어도 밑에서 애가 훅 하고
나올 것 같은… 이 느낌적인 느낌…

내 몸 하나 가누기도 힘든데
위로 두 아이 챙기다 보면
몸이 너무 지친다.

영육이 지쳐서 아무 힘이 없을 때도 있다.

그러나
이래도 괜찮고 저래도 괜찮은 것은

하나님이 나와 함께하시기에…
모든 것에 하나님이 역사하시기에…

내가 항상 주와 함께 하니
주께서 내 오른손을 붙드셨나이다
시편 73:23

내가 사망의 음침한 골짜기로 다닐지라도
해를 두려워하지 않을 것은
주께서 나와 함께 하심이라
주의 지팡이와 막대기가 나를 안위하시나이다
시편 23:4

15. 모성애

내 평생 감기몸살, 장염 외에 병원 치료를 받아 본 적이 없고
주사 바늘을 무서워하는 겁 많은 처자였거늘...

정기체업가서 임당검사, 비타민D 검사, 예방접종 주사로
만신창이 된 왼팔.

살짝 진통을 느낀 적이 있다고 하자... 바로 들어간 내진...
첫 번째든 세 번째든 무서운 건 무섭고 아픈 건 아프다구!!

자궁경부 길이가 5mm란 사실을 알고 바로 입원 수속;

아직 28주된 아기가 태어날 수도 있음을 대비해 아기 폐를 위해 24시간 마다 스테로이드제 투여- 온 다리에 주사약이 퍼지는 게 느껴짐… 후덜덜

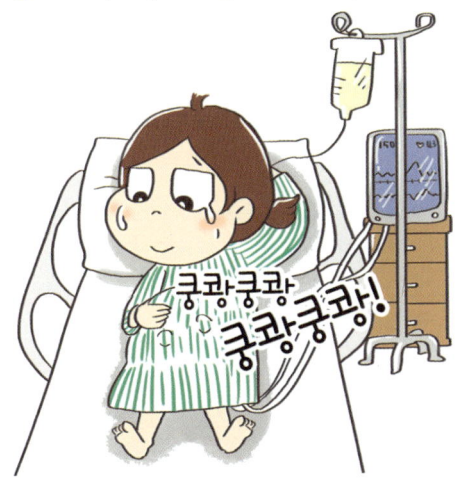

그러나 너의 건강한 심장 소리를 듣는 이틀 동안 엄마는 생각했어. 우리 아기만 건강하다면 어떤 아픔도 고통도 견뎌낼 수 있다고… 사랑해.

하나님이 자녀를 향하신 그 마음은
태 속에 아들을 향한 나의 마음과
비교도 할 수 없이 한없이 크겠지만,

하나님의 그 크신 사랑을
배 속에 아이를 가지면서
조금은 느낄 수 있게 되는 것 같다.

셋째라서 신경도 많이 못 써주고
축복도 많이 못 받은 것 같아 마음이 짠한데
얼마나 대단한 녀석이 나오려고
이렇게 존재감을 거하게 알리는 거니?ㅎ

인간 사랑을 넘어 하나님 사랑을 보는 우리 막내아들이 되길
엄마 배 속에서 아직 좀 더 자라서 만나자.
모든 것은 하나님의 절대 계획 속에서 이루어지므로
엄마도 너도, 참 감사함으로… 화이팅!

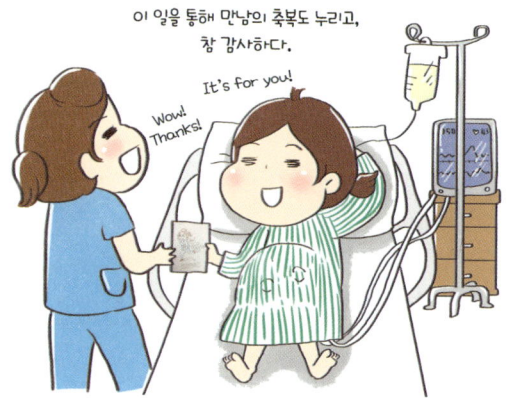

친절한 간호사 언니에게
쓴 그 날의 전도 편지.

이제 여호와께서 말씀하시나니
그는 태에서부터 나를 그의 종으로 지으신 이시요
야곱을 그에게로 돌아오게 하시는 이시니
이스라엘이 그에게로 모이는도다
그러므로 내가 여호와 보시기에 영화롭게 되었으며
나의 하나님은 나의 힘이 되셨도다
그가 이르시되 네가 나의 종이 되어
야곱의 지파들을 일으키며 이스라엘 중에
보전된 자를 돌아오게 할 것은 매우 쉬운 일이라
내가 또 너를 이방의 빛으로 삼아
나의 구원을 베풀어서 땅 끝까지 이르게 하리라
이사야 49:5-6

16. 오늘을 소중히

학교 다닐 때…
지금의 내 정신 상태였다면,
말씀 붙잡고 기도 속에서 달란트 찾으며
진짜 열심히 공부만 했을 텐데…

환경과 상처에 허덕이지 않고…
하나님이 나에게 주신 비전 따라 최선을 다 했을 텐데…
아까운 시간, 허송세월로 다 보냈구나…
싶은 생각에 넘나 아쉬운 마음이 들었다.

그러다... 갑자기 또 드는 생각...

10년, 20년 뒤에 아이들이 훌쩍 컸을 때...
아 그때... 진짜 그 시간들을 소중히 여기며
복음이 각인, 뿌리, 체질되게 언약을 제대로 심기지 못했을까?
왜 충분히 사랑해주지 못하고 힘들다고만 했을까?
하고 오늘의 나를 후회할지도 모른다...란 생각이 들었다.

아마도... 이러고...?

다가올 미래에 오늘을 꺼내어 보았을 때
후회되지 않게 오늘을 소중히...
지금 하나님이 주신 이 시간을 소중히...

후대가 후대를 세우도록
말씀, 기도, 전도라는 나의 본분을
놓치지 말자.

지나간 시간은 돌아오지 않는다.

지금, 여기, 이 자리에서
오늘을 소중히!

마땅히 행할 길을 아이에게 가르치라
그리하면 늙어도 그것을 떠나지 아니하리라
잠언 22:6

기도를 계속하고
기도에 감사함으로 깨어 있으라
골로새서 4:2

자도 자도 졸리던 잠팅이, 고딩시절...
그땐 그 시절이 영원할 것만 같았지.
시간은 초고속으로 흘러
어느덧 나는 애를 셋이나 둔 엄마가...

그런즉 너희가 어떻게 행할지를 자세히 주의하여
지혜 없는 자 같이 하지 말고 오직 지혜 있는 자 같이 하여
세월을 아끼라 때가 악하니라
에베소서 5:15-16

17. 여유가 없는 아침 일상

오직 예수가 될 때,
나오는 성령의 충만함으로
하루를 시작하고 싶은데
그게 잘 안 된다.

눈 뜨면 그날 그날 해야 할 일이 먼저가 되는…

하나님을 바라보며
늘 여유가 넘치고
평안한 엄마를 보고 자라는
세 아이가 되길 기도한다.

시험에 들지 않게 깨어 기도하라
마음에는 원이로되 육신이 약하도다 하시고
마태복음 26:41

아침에 주의 인자하심이 우리를 만족하게 하사
우리를 일생 동안 즐겁고 기쁘게 하소서
시편 90:14

여호와여 아침에 주께서 나의 소리를 들으시리니
아침에 내가 주께 기도하고 바라리이다
시편 5:3

새벽 아직도 밝기 전에
예수께서 일어나 나가 한적한 곳으로 가사
거기서 기도하시더니
마가복음 1:35

18. 담대하라

신생아 밤중수유보다
더 공포의 시간은… 3살 아들, 밤에 오줌 누이기.
그냥 싸면 될 것을… 울고불고 난리를 치다가
꼭 벽에다가 오줌 대포 발사하시는 아드님.

하아.
담대하라 로마에서도 증거하여야 하리라!

이른 아침, 바지가 축축하다.
침대도 축축하다.
그렇다. 오줌을 싸셨다.

하아…
담대하라 로마에서도 증거하여야 하리라!

학교 선생님한테서 부재중 전화가 와 있다.
학교에서 무슨 일이 있었던 게 분명하다.
하아…
담대하라 로마에서도 증거하여야 하리라!

아직도 애기같은 저 어린 것을
매일 아침 커다란 스쿨버스에 태워보내며
늘 마음이 불안불안한데…
이번 주, 하나님은 나에게
담대하라 로마에서도 증거하여야 하리라!
라고 하신다.

하나님의 말씀에 순종하며
하나님의 역사를 기다리는 담대함…
이라는 말씀을 강단을 통해 받았다.

그 담대함을 가지고 싶다.

아이를 키우면서 조급함이 아닌
조금은 더 느긋하게 담대하게
나의 로마를 발견하길 기도한다.

그 날 밤에 주께서 바울 곁에 서서 이르시되
담대하라 네가 예루살렘에서 나의 일을 증언한 것 같이
로마에서도 증언하여야 하리라 하시니라
사도행전 23:11

바울아 두려워하지 말라
네가 가이사 앞에 서야 하겠고
또 하나님께서 너와 함께 항해하는 자를
다 네게 주셨다 하였으니
그러므로 여러분이여 안심하라
나는 내게 말씀하신 그대로 되리라고
하나님을 믿노라
사도행전 27:24-25

19. 만삭의 고통

같이 놀아주려고 앉으면 볼록 나온 배 때문에 자리도 없는데
둘째는 꼭 내 무릎에 앉으려고 엉덩이를 내밀고

하고 밀면 바로 울음바다가 된다.

겨우 부엌을 정리하고 나왔는데
거실은 x판이 되어 있고 한 녀석은 안아달라 난리다.
허리가 끊어질 것만 같지만 알 리 없지.

뒤뚱거리며 삼시 세끼 차리는 것도 힘들지만
바닥에 흘린 거 줍고 치우는 게 더 힘들다능…

오늘도 독박육아로 하루를 보내고
아이들을 씻기고, 재우려고 누웠는데
의도치않게 눈물이 주르륵… 흘러내렸다.

얼른 홀가분한 가벼운 몸이 되어
우리 아이들이랑 제대로 놀아주고
안아주고 업어주고 싶다.

애 키우는 게 세상에서 제일 힘든 일이야, 라고
헛된 말을 중얼거리던 나에게
이번 주 받은 말씀을 되새기며,
바울의 고백을 다시 묵상해본다.

내가 너희 중에서 예수 그리스도와
그가 십자가에 못 박히신 것 외에는
아무 것도 알지 아니하기로 작정하였음이라
고린도전서 2:2

십자가의 도가 멸망하는 자들에게는 미련한 것이요
구원을 받는 우리에게는 하나님의 능력이라
고린도전서 1:18

자녀들아
너희는 하나님께 속하였고
또 그들을 이기었나니
이는 너희 안에 계신 이가
세상에 있는 자보다 크심이라
요한일서 4:4

내가 그리스도와 함께 십자가에 못 박혔나니
그런즉 이제는 내가 사는 것이 아니요
오직 내 안에 그리스도께서 사시는 것이라
이제 내가 육체 가운데 사는 것은 나를 사랑하사
나를 위하여 자기 자신을 버리신
하나님의 아들을 믿는 믿음 안에서 사는 것이라
갈라디아서 2:20

20. 이제서야

요즘 나의 최대 고민은
아이들 매끼마다 메뉴 정하기.

내 어릴 적…
아침마다 잠도 덜 깬 내 앞에
차려진 진수성찬이 당연한 줄만 알았지…

내 밥 위에 뼈 바른 생선을 계속 올려대는 엄마에게
그만 올리라는 투정도 당연한 줄만 알았다.

엄마가 되고 나니까
반찬 하나, 국 하나 만드는 것도 이렇게 힘겨운 일인데…

엄마가 되어야 비로서 어른이 되는 걸까?
아니면 여전히 진행 중일까?
(나는 아직 멀었다…)

이제서야 깨닫게 되는 감사함,
새삼 존경스러움.

엄마가 그리스도 누리면서 밥하면
자녀에게 최고의 양식이 되고
엄마가 시달리면서 밥하면
자녀에게 그대로 전달된다고…
어떤 분이 말씀하신 적이 있다.

나는 여전히 부족하지만…

그리스도 누리는 엄마,
그리스도 누리면서 밥하는 엄마,
능력 주시는 자 안에서
모든 것을 행하는 엄마가 되기를…

내게 능력 주시는 자 안에서
내가 모든 것을 할 수 있느니라
빌립보서 4:13

우리가 알거니와 하나님을 사랑하는 자
곧 그의 뜻대로 부르심을 입은 자들에게는
모든 것이 합력하여 선을 이루느니라
로마서 8:28

우리가 이것을 말하거니와
사람의 지혜가 가르친 말로 아니하고
오직 성령께서 가르치신 것으로 하니
영적인 일은 영적인 것으로 분별하느니라
고린도전서 2:13

어디에 어디에 씨를 뿌릴까?
길 가 밭에 뿌릴까?
아니 아니

어디에 어디에 씨를 뿌릴까?
돌작 밭에 뿌릴까?
아니 아니

어디에 어디에 씨를 뿌릴까?
가시 밭에 뿌릴까?
아니아니

어디에 어디에 씨를 뿌릴까?
좋은 밭에 뿌릴까?
맞아 맞아
. . .

좋은 밭에 뿌린 씨가 자라나서
좋은 열매 맺듯이
우리도 예수님만 따라가며
좋은 열매 맺어요~!

삼남매의 마음이 좋은 밭이 되어
말씀이 하나도 땅에 떨어지지 않고
쑥쑥 뿌리 내려 좋은 열매 맺기를...

예수께서 비유로 여러 가지를 그들에게 말씀하여 이르시되
씨를 뿌리는 자가 뿌리러 나가서 뿌릴새 더러는 길 가에 떨어지매
새들이 와서 먹어버렸고 더러는 흙이 얕은 돌밭에 떨어지매
흙이 깊지 아니하므로 곧 싹이 나오나
해가 돋은 후에 타서 뿌리가 없으므로 말랐고
더러는 가시떨기 위에 떨어지매 가시가 자라서 기운을 막았고
더러는 좋은 땅에 떨어지매 어떤 것은 백 배, 어떤 것은 육십 배,
어떤 것은 삼십 배의 결실을 하였느니라 귀 있는 자는 들으라 하시니라
마태복음 13:3-9

3장

애 셋 엄마의 일상

1. 신생아 밤중 수유

트림을 바로 안 하면 5분이고 10분이고 두드려야 하고
우습게 봤다간 자다깨서 폭풍 울음을 선사하기에
아주 아주 아주 중요한 것…

날이 샌다.
내 몰골은 좀비가 따로 없구나.

자고 싶다. 통잠…

눕히면 깨고
트림시키고 잔다 싶으면
또 깨고…

그러다보면 날이 샌다.

이 와중에 주일 강단에서는
인생 작품을 만들라고 하시고…

지금 나는, 아주 그냥 매우 힘듦이지만
그지가 따로 없는 내 몰골과 나의 하루도
누군가에게 미래가 될 테니
이것도 작품으로 남겨야 하지 않을까…

세 아이 육아라는… 풍랑 속에 있더라도
나와 함께하시는 하나님이 말씀으로
담대하라 네가 가이사 앞에 서야 하리라, 하신다.

그렇다면 아멘! 입니다.
날 좀 새면 어때, 잠 좀 못 자면 어때!

나의 영혼이 잠잠히 하나님만 바람이여
나의 구원이 그에게서 나오는도다
오직 그만이 나의 반석이시요 나의 구원이시요
나의 요새이시니 내가 크게 흔들리지 아니하리로다
시편 62:1-2

하나님이여 주는 나의 하나님이시라
내가 간절히 주를 찾되 물이 없어 마르고 황폐한 땅에서
내 영혼이 주를 갈망하며 내 육체가 주를 앙모하나이다
시편 63:1

2. 그럴지라도…

지친다…

내 몸은 하나인데
열 개여도 모자랄 상황이니…

그럴지라도…

나는 여호와로 인하여 즐거워하며
나의 구원의 하나님으로 인하여
기뻐하리로다.

이것이 바로 복음의 능력!

비록 무화과나무가 무성하지 못하며
포도나무에 열매가 없으며
감람나무에 소출이 없으며
밭에 먹을 것이 없으며
우리에 양이 없으며
외양간에 소가 없을지라도
나는 여호와로 말미암아 즐거워하며
나의 구원의 하나님으로 말미암아 기뻐하리로다
하박국 3:17-18

3. 식사 시간

엄마는 식사 중…

엄청난 BGM과 함께…

이 와중에 밥이 넘어가는 나도 참 대단.
그래도 먹어야 한다.
먹어야 다음 일을 해낼 수 있다.

엄마는 먹을 테니
너네는 잠시 울으렴…

이래도 저래도 내가 잠잠할 수 있는 비밀,
…임마누엘!

주 품에 품으소서
능력의 팔로 덮으소서
거친 파도 날 향해 와도
주와 함께 날아오르리
폭풍 가운데 나의 영혼
잠잠하게 주를 보리라
주님 안에 나 거하리
주 능력 나 잠잠히 믿네
거친 파도 날 향해와도
주와 함께 날아오르리
폭풍 가운데 나의 영혼
잠잠하게 주를 보리라
〈주 품에 품으소서〉, 가사 중

여보… 나 맛있어서 먹는 거 아니야.
지금 아니면 못 먹을 거 같아 쑤셔 넣는 거야…

4. 그의 막말

애 셋 육아가 힘들 거라는 예상은 했지만
이렇게까지 힘들 줄은 잘 몰랐다.

그래도 하나씩 하나씩 제자리를 찾아가고 있는 중.

그나저나 남편의 농담 섞인 한마디가 참 얄밉구나.
나 홀로 전전긍긍대던 밤에 쿨쿨 잘만 자더니…
진짜 물구나무를 세워봐야 쓰겠다! 빠직…

하아.

그래서 오늘도…
나는 그리스도가 필요합니다… 흑…

너의 행사를 여호와께 맡기라
그리하면 너의 경영하는 것이 이루어지리라
잠언 16:3

사람이 마음으로 자기의 길을 계획할지라도
그 걸음을 인도하는 자는 여호와시니라
잠16:9

5. 100일의 내공

이렇게 여유로이 셋을 한번에 재우기까지
나는 얼마나 많은 눈물을 흘려야 했는가… ㅎㅎ
밤마다 울부짖으며
솔로몬의 지혜를 달라고 기도하던 나날들.
어느덧 100일이 지났다.

양팔은 1호와 2호가 접수,
3호는 배 위에서 배부른 식사로
전원 취침모드.

이제 셋을 한번에 재우기쯤이야 껌… 아니… 사탕… 아니 카라멜…
교만하면 안 되지만 그만큼 내공이 생겨 감사하다는 뜻이다.
할렐루야~

그림일기를 올린다는 것 자체가 기적인
애 셋 엄마의 하루 중
마지막 일과는 애 셋 재우기!

처음에 얼마나 수많은 시행착오를 겪어야 했는지…
밤마다 눈물 쏙 뺀 기억들이 주마등처럼 스쳐 지나간다.

애 셋을 품안에 끼고 성경구절을 암송하고
하나하나 쓰담쓰담하며 기도해주고 찬양하다보면
어느새 모두 잠들어 있는 밤.

나도 너희도 복음으로만 각인되고 뿌리내리며 체질되길…
기도하는 밤, 감사한 밤.

너희 안에서 착한 일을 시작하신 이가
그리스도 예수의 날까지
이루실 줄을 우리는 확신하노라
내가 너희 무리를 위하여
이와 같이 생각하는 것이 마땅하니
이는 너희가 내 마음에 있음이며
나의 매임과 복음을 변명함과 확정함에
너희가 다 나와 함께 은혜에 참여한 자가 됨이라
내가 예수 그리스도의 심장으로
너희 무리를 얼마나 사모하는지
하나님이 내 증인이시니라
빌립보서 1:6-8

6. 셋이니까

육퇴 후, 친구랑 까똑 대화 중

친정 옆이라 이제 좀 살맛나겠다.

근데 왜 힘들지?

셋이니까…

그렇다. 나는 애가 셋이었던 것이다.
(몰랐던 사실을 알게 됨냐)

5년 동안 미국에서 애 셋을 낳고 키우다가
얼마 전 한국으로 잠시 정착하게 되었다.
갈망하던 친정 찬스를 매일 쓰고 있으나
여전히 나는 매일 힘겨웁다.

셋을 재우고 친구랑 대화 중에
아니 친정 엄마가 도와주는 데도 왜 힘드냐고요,
라고 하소연했더니
셋이잖아…라고 한다.
아, 그렇구나.

그런데 정말 셋이어서 이리도 지치는 걸까?
아마도 나의 영이 그리스도를 못 누려서
지치는 게 아닐까?

후대를 키우는 중요한 자리에서
기도를 멈추고 말씀 묵상을 멈추는
가장 큰 죄를 저지르는 일이 없도록…
얼른 책상 앞에 앉아 말씀을 편다.

네 마음을 주의 얼굴 앞에 물 쏟듯 할지어다
각 길 어귀에서 주려 기진한 네 어린 자녀들의 생명을 위하여
주를 향하여 손을 들지어다 하였도다
예레미야애가 2:19

이 아이를 위하여 내가 기도하였더니
내가 구하여 기도한 바를 여호와께서 내게 허락하신지라
그러므로 나도 그를 여호와께 드리되
그의 평생을 여호와께 드리나이다 하고
그가 거기서 여호와께 경배하니라
사무엘상 1:27~28

7. 두 번 다신 못할 일

애 셋과의 장시간 비행은…

·
·
·

남편이나 나나 한숨도 못자고 도착…
그리고 환승…

파김치 상태로
어마무시한 이민 가방들을 찾아…
한 손에는 또 가방… 또 한 손에는 아그들…
그 피곤은 2주 동안 이어졌다는 사실;

두 번 다시는 못 할일이다… 싶다만…
피할 수 없는 우리네 숙명ㅋㅋ

벌써 한국에 나온 지 시간이 꽤 지났다.
시카고에서 인천, 환승해서 친정까지 오는 길은
참으로 멀고도 험난했다.

이민 가방만 8개… 손에 든 기내용 캐리어…
하나 끌고 하나 안고 하나 유모차 태워다녔던…
두 번 다시는 못할 일이다.
싶다만 다시 돌아갈 때는 또 어떨지…

애 없이 편히 비행기 타는 모든 승객분들이 참으로 부러웠다.

비록 애 셋 낳고 늙은 얼굴 더 폭삭 늙어버렸지만…
아무 탈 없이 잘 도착하게 하신 하나님께 감사하며
한 번도 가지 못한 길을 가는 우리 삼남매네의 여정에
오직 그분만이 주인 되시길.

주께서 곤고한 백성은 구원하시고
교만한 자를 살피사 낮추시리이다
여호와여 주는 나의 등불이시니
여호와께서 나의 어둠을 밝히시리이다
내가 주를 의뢰하고 적진으로 달리며
내 하나님을 의지하고 성벽을 뛰어넘나이다
하나님의 도는 완전하고 여호와의 말씀은 진실하니
그는 자기에게 피하는 모든 자에게 방패시로다
여호와 외에 누가 하나님이며 우리 하나님 외에 누가 반석이냐
하나님은 나의 견고한 요새시며 나를 안전한 곳으로 인도하시며
나의 발로 암사슴 발 같게 하시며 나를 나의 높은 곳에 세우시며
내 손을 가르쳐 싸우게 하시니 내 팔이 놋 활을 당기도다
사무엘하 22:28-35

8. 세상 밖에 나가기 전

내 이름 석자로 사는 삶이 어색해진
세 아이의 엄마로 사는 삶이 익숙해진 나.

아이와 반복되는 일상에
말도 어눌해진 거 같고,

자~ 맘마 먹고
얼른 넨네 해야지.

모유수유 가능 여부가
패션의 기준.
빨간 립스틱과 기저귀 가방이
패션의 완성!

머리 말릴 시간 따위 없음.

뒤쳐진 패션감각에
아무리 꾸며도 그냥 아줌마.

꿈 많고, 하고픈 것도 많았던
의욕은 온데간데 없고
무기력에 허덕인지 오래.

세상 밖으로 나가려고 보니
한없이 작아 보이는 나는…
애 셋 엄마…

5년 동안 세 아이 엄마로 열심히 육아에만 전념했다.
스스로 자신감이 매우 떨어져 있는 나의 현 상태…

그런데
우리 아이들에게 나는 어떤 존재일까.
아마 하나님 다음으로 BIG 존재가 아닐까.

우리 아이들에게 당당한 엄마로
또 담대한 하나님의 딸로
세상에 서보기로 하자.

내일은 첫. 출. 근.

담대하라 내가 세상을 이기었노라
요한복음 16:33

너희는 너희가 하나님의 성전인 것과
하나님의 성령이 너희 안에 계시는 것을 알지 못하느냐
고린도전서 3:16

근데 혼자 나오니까 왜케 좋냐?
기저귀 가방 안 들어도 되고
참으로 홀가분하구나.
이 느낌 참 오랜만이다.

9. 엄마 갬성

아이 셋을 친정 엄마님께 패스하고
출근 길에 보는 가을 낙엽들이 참 멋지군!

풍경을 감상하며 내 입에서
저절로 흥얼거리게 되는 노래는…

내 맘 속에
기쁨이 샘솟네~
퐁퐁퐁

…아니야 다른 노래!!

나의 왕이 되신
예수님,
흑암권세
깨뜨리시고~

아는 노래라고는 어린이찬양 뿐…
이것이 엄마 갬성인가…ㅋ

이… 이거 나만 이래?

이 멋진 가을날,
낙엽 밟으며 운치있는 길 위에서
흥얼거리는 노래가
어… 어린이 찬양… (아는 노래 없음)

떼 놓고 나와도 늘 그들과 함께하는 기분
이것이 바로 엄마 갬성.

기쁨이 퐁퐁퐁!
Yeah!

왕이신 나의 하나님이여
내가 주를 높이고
영원히 주의 이름을 송축하리이다
내가 날마다 주를 송축하며
영원히 주의 이름을 송축하리이다
여호와는 위대하시니 크게 찬양할 것이라
그의 위대하심을 측량하지 못하리로다
대대로 주께서 행하시는 일을 크게 찬양하며
주의 능한 일을 선포하리로다
시편 145:1-4

10. 애 셋과 함께하는 밤

ㅎㅎㅎㅎㅎㅎ
드.디.어. 애 셋을 모두 재움!!!
경축! 감격스러움!! 세상 기쁨!!

두근두근,
설레이는 이 시간!

달콤한 휴식도 잠시;

oh~~no~
워워워워

으아아아앙~

한 넘이 깨면 줄줄이 깨는
공포의 시간.

희번떡~

하루 중, 제일 설레이며 기다려지는 시간은 바로
셋을 재우고 조용하게 하루를 마무리하는 밤 시간!

아주 아주 소소하고 시시해 보일 수 있지만
셋 중 하나도 깨지 않고 통잠 자는 일은 거의 없으므로
애 셋 엄마의 야심 찬 계획은 늘 무너지곤 한다.

이번 주 말씀 중,
여호수아서 14장에 갈렙의 고백을 묵상하며,
비록 그런 시간적 여유가 없다 할지라도,
지금 내가 여기에 있는 것이 증거니라.
내가 밟고 선 자리가 선교지요,
내가 있는 곳이 사명지라 하신다.

애 셋 키우기 힘들어서 아무것도 못한다 하는 정탐꾼 말고
위기 속에서 문제 앞에서 갈렙처럼 변함없는 믿음의 고백을...

같이 일찍 자고
새벽 시간에 기도하는 것이 설레이는
엄마가 되어 보기.

구하라 그리하면 너희에게 주실 것이요
찾으라 그리하면 찾아낼 것이요
문을 두드리라 그리하면 너희에게 열릴 것이니
구하는 이마다 받을 것이요
찾는 이는 찾아낼 것이요
두드리는 이에게는 열릴 것이니라
마태복음 7:7-8

모세가 나를 보내던 날과 같이 오늘도 내가 여전히 강건하니
내 힘이 그 때나 지금이나 같아서 싸움에나 출입에 감당할 수 있으니
그 날에 여호와께서 말씀하신 이 산지를 지금 내게 주소서
당신도 그 날에 들으셨거니와 그 곳에는 아낙 사람이 있고
그 성읍들은 크고 견고할지라도 여호와께서 나와 함께 하시면
내가 여호와께서 말씀하신 대로 그들을 쫓아내리이다 하니
여호수아 14:11-12

11. 지금

크리스천에게… 특히 아이 엄마에게 최고 가치 있는 금은

불금도, 현금도, 소금도 아닌
바로 '지금'이라고 한다.

지금 이 순간은 다시 돌아오지 않으니까…
사랑을 듬뿍 듬뿍 담아 꼬옥 안아주자.

김이 모락모락 올라오는 순간에도…

그 순간… 영적 싸움에 승리하며!

포용하고 수용하며 친절한 그런 엄마…
(내 평생의 희망사항)
·
·
가 되게 해주세요. 제발요… 네?

육아에 지칠 때면
얼른 지금 이 시간이 지나갔으면 좋겠다… 싶다.

하지만 지금이란 시간은 다시는 돌아오지 않는
아주 아주 소중한 시간임을 알면서도
순간순간 잘 놓치는 것 같다.

지금, 여기, 이 자리에서
나에게 맡기신 세 명의 아이들에게
언약을 제대로 심고
그리스도의 사랑과 엄마의 사랑을
듬뿍듬뿍 전달하는 그런 24시가 되길 기도한다.

정말 사랑하지만, 그 표현이 너무 서툴렀던 것 같다.
오늘도 갱신, 또 갱신하는 밤!

너는 마음을 다하여 여호와를 신뢰하고
네 명철을 의지하지 말라
너는 범사에 그를 인정하라
그리하면 네 길을 지도하시리라
잠언 3:5-6

그러므로 나도 그를 여호와께 드리되
그의 평생을 여호와께 드리나이다 하고
그가 거기서 여호와께 경배하니라
사무엘상 1:28

12. 나만 이래?

평화롭게 시작하는 아침 식사 시간

내 자녀를 손님처럼 대하라.
책에서 나온 말.

아니 그게 되냐고요.
나도 그러고 싶다고요.

아침부터 엄마 안에 그분이 오셔가지고
우리 아그들 밥 먹다 체한 건 아니지?

<u>ㅎㅎㅎ</u>…
엄마의 진심은 항상 사랑이 그득하단다.
알아주길 바라…

너희 안에서 행하시는 이는 하나님이시니
자기의 기쁘신 뜻을 위하여
너희로 소원을 두고 행하게 하시나니
모든 일을 원망과 시비가 없이 하라
이는 너희가 흠이 없고 순전하여
어그러지고 거스리는 세대 가운데서
하나님의 흠 없는 자녀로
세상에서 그들 가운데 빛들로 나타내며
생명의 말씀을 밝혀
나의 달음질도 헛되지 아니하고
수고도 헛되지 아니함으로
그리스도의 날에
나로 자랑할 것이 있게 하려 함이라
빌립보서 2:13-16

밥이 코로 들어가는지 입으로 들어가는지 모를 나의 매끼…

13. 영적서밋 엄마

철창없는 육아감옥…이라는 생각이 들 때…

아니다!

요셉처럼 노예 생활, 감옥 생활이
문제가 아닌 하나님이 주시는 기회다!
하나님의 영에 감동된 자의 응답 한가운데 있는 것!

다윗처럼 목동일 때 영적인 힘을
누리고 있기에 골리앗을 이길 수 있었고,

엘리사가 길갈, 벧엘, 여리고에
머무르지 않고 엘리야에게
갑절의 영감을 구했듯,

오늘 지금 여기에서 하나님께
성령의 충만함을 구할 것이다.

그런 의미에서… 애 셋 엄마인 나는
하나님이 선택하고 부르신 울 아이들 데리고
하나님을 찬양하며 영적서밋의 축복을 누려야겠다…!

다시는 돌아오지 않는 이 귀한 시간에
내 생각에 사로잡히지 말고 모든 걸 기도로 바꾸자.

아무도 줄 수 없는 답을 줄 수 있는 자리,
아무도 할 수 없는 일을 할 수 있는 자리,
아무도 갈 수 없는 곳으로 갈 수 있는 자리,

영적서밋의 자리에서
영적 축복을 누리는 애 셋 엄마가 되길…

그의 주인이 여호와께서 그와 함께 하심을 보며
또 여호와께서 그의 범사에 형통하게 하심을 보았더라
창세기 39:3

다윗이 블레셋 사람에게 이르되
너는 칼과 창과 단창으로 내게 나아 오거니와
나는 만군의 여호와의 이름
곧 네가 모욕하는 이스라엘 군대의
하나님의 이름으로 네게 나아가노라
사무엘상 17:45

건너매 엘리야가 엘리사에게 이르되
나를 네게서 데려감을 당하기 전에
내가 네게 어떻게 할지를 구하라
엘리사가 이르되 당신의 성령이 하시는 역사가
갑절이나 내게 있게 하소서 하는지라
열왕기하 2:9

14. 눈썹을 휘날리며

눈썹 휘날리며 뛰어 본 적이 있는가?
고등학교 때도 이렇게 뛴 적 없는 거 같은데,
아들 유치원 보내면서 늘 뛰댕긴다.

앤드

오늘도 다 보내놓고 후회를 반복한다.
좀 서둘러 일어나 밥할걸…
급해도 친절하게 대해줄걸…
1초라도 거울 좀 볼껄… ㅋㅋㅋ

XX엄마… (1호와 같은 유치원 다니는 친구 엄마)
왜 말해주지 않았어요?
내 입술 이런 거… 하하하하하하하

하나님의 뜻대로 하는 근심은
후회할 것이 없는 구원에 이르게 하는
회개를 이루는 것이요
세상 근심은 사망을 이루는 것이니라
고린도후서 7:10

평안을 너희에게 끼치노니
곧 나의 평안을 너희에게 주노라
내가 너희에게 주는 것은
세상이 주는 것과 같지 아니하니라
너희는 마음에 근심하지도 말고
두려워하지도 말라
요한복음 14:27

여호와께서 사무엘에게 이르시되
그의 용모와 키를 보지 말라 내가 이미 그를 버렸노라
내가 보는 것은 사람과 같지 아니하니
사람은 외모를 보거니와
나 여호와는 중심을 보느니라 하시더라
사무엘상 16:7

15. 상식을 넘어 신앙으로!

상식적으로 혼자 애 셋을 먹이고 입히고
놀아주고 씻기고 재우기 정말 힘들다.

그치만 상식에만 머물러 낙심하고 있기엔
내가 받은 축복이 너무 크다는 것을 안다.

나의 가슴이 그 은혜에 감격하여
독박육아여도 힘이 샘솟아나고
후대에게 이 언약이 전달되는 오늘이길.

상식을 넘어 신앙으로
지금 여기에, 독박육아 현장에
그 은혜의 역사가 임하길 기도한다.

보라 네 문안하는 소리가 내 귀에 들릴 때에
아이가 내 복중에서 기쁨으로 뛰놀았도다
주께서 하신 말씀이 반드시 이루어지리라고
믿은 그 여자에게 복이 있도다
마리아가 이르되 내 영혼이 주를 찬양하며
내 마음이 하나님 내 구주를 기뻐하였음은
그의 여종의 비천함을 돌보셨음이라
보라 이제 후로는 만세에 나를 복이 있다 일컬으리로다
능하신 이가 큰 일을 내게 행하셨으니
그 이름이 거룩하시며
긍휼하심이 두려워하는 자에게 대대로 이르는도다
누가복음 1:44-50

16. 자기관리 파업 7년째

자기 관리 파업한 지 어언 7년째…
예전의 나로 돌아가고 싶은 마음에… 추억 팔이를…

싱글의 나는…
항상 왠만한 거리는 걸어다니거나 자전거를 탔고,
생활 속 운동이라며 계단으로만 다녔고…
줄넘기 7,000개를 20분 안에 뛰는
자기관리 철저한 다이어트녀였다.

그 당시, 새해 목표로 수영을 시작했다.
물을 타는 기쁨을 느끼니 야근과 회식을 하더라도
수영 강습은 무슨 일이 있어도 빠지지 않았다.

결혼 한 달 앞두고는
매일 헬스장에서 러닝머신 한 시간, 근력 운동 30분으로
불태웠었다.

그리고…
임신 초기에 절대 안정을 위해
운동은 당분간 하지말라던
남편 말에 너무 순종했던가…

덕분에…

첫째 임신 때 찐 20kg…
둘째 때는 거기에서 +15kg…
셋째 때는 거기에서 +10kg…

싱글이었을 때 나는 무엇을 위해
그토록 살을 빼려고 무던히 노력해 왔던가?

자기관리 파업 7년째...
.
.
.
운동할 시간이 없다, 여유가 없다...
핑계대지 말고... 저질 체력 자랑치 말고
세계복음화 하기에 건강한 나를 위해
다.시. 도.전을 해볼까... 한다.
.
.

제발... 부디... 꼭...

다른 건 지속 못하는데
게으름은 어찌 이리 지속을 잘 하는가.

애들 돌보다보면 사실 나를 위한 시간은 어렵다.
그치만 없는 시간도 내서 드라마도 보고
야식도 먹지 않는가.

호흡기도로 하루를 시작하며
아침에 일어나 몸도 풀고
저녁에 자기 전에 잠깐이라도 운동을 시작해야겠다.

오늘부터 도.전!

P.S. 절대 덜 먹겠다든가, 안 먹겠단 소리는 안 한다.
왜냐하면 그것마저 줄이면 나는 무슨 힘으로…
아 맞다. 영적인 힘으로… 에헴ㅋㅋㅋ

호흡이 있는 자마다
여호와를 찬양할지어다
할렐루야
시편 150:6

이르되 큰 은총을 받은 사람이여
두려워하지 말라
평안하라 강건하라 강건하라
그가 이같이 내게 말하매
내가 곧 힘이 나서 이르되
내 주께서 나를 강건하게 하셨사오니
말씀하옵소서
다니엘 10:19

17. 참된 용기

나 원래 이런 사람…

야! 이놈아!

쉽게 욱하고,

아이고, 삭신이야…

쉽게 지치고,

아, 하나님… 저는 못하겠어요!!!

쉽게 좌절하는 그런 연약한 존재…

애 셋 엄마의 삶에 허덕이고 있는 나에게
하나님은 "두려워 말고 놀라지 말라." 라고 하신다.

모세의 기도를 들으시고, 여호수아와 함께하신 하나님이
지금 나와 함께하신다…
그러므로 나는 오늘도 참된 용기를 내어
가문 살리고 현장 살리는 증인이 되도록 감사한 마음으로…
…밥을 차린다… ㅎ

나 한 사람이 말씀으로 일어나면
내 자녀도 살고 남편도 힘 얻는다는 걸…
모르는 게 아니다.

그런데 나의 오래된 각인, 뿌리, 체질이
늘 내 발목을 붙잡고 허우적대도록 만든다.

그럴지언정 오늘도 말씀을 붙잡고
참된 용기를 내어 조용히 흐름을 바꾸려 한다.

낙심되고 힘든 육아의 흐름이 아닌
그리스도의 능력이 함께하는 흐름으로!

강하고 담대하라 너는 내가 그들의 조상에게 맹세하여
그들에게 주리라 한 땅을 이 백성에게 차지하게 하리라
오직 강하고 극히 담대하여 나의 종 모세가 네게 명령한
그 율법을 다 지켜 행하고 우로나 좌로나 치우치지 말라
그리하면 어디로 가든지 형통하리니
이 율법책을 네 입에서 떠나지 말게 하며
주야로 그것을 묵상하여 그 안에 기록된 대로
다 지켜 행하라 그리하면 네 길이 평탄하게 될 것이며
네가 형통하리라 내가 네게 명령한 것이 아니냐
강하고 담대하라 두려워하지 말며 놀라지 말라
네가 어디로 가든지 네 하나님 여호와가
너와 함께 하느니라 하시니라
여호수아 1:6-9

여호와 하나님은 해요 방패이시라
여호와께서 은혜와 영화를 주시며
정직하게 행하는 자에게
좋은 것을 아끼지 아니하실 것임이니이다
만군의 여호와여
주께 의지하는 자는 복이 있나이다
시편 84:11-12

18. 영에 속한 자

오늘 따라 피곤에 쩔어있긴 했지…
고만고만한 애 셋 키우느라 쩔어있긴 하지…
하지만 내가 폭삭 늙어버린 얼굴인가
으흑흑흑… 서글프군…

.
.
.

그 서글픔은 하루 반나절이나 갔다고 한다.

호흡하며 운동도 하며
자신을 가꾸라는 음성으로
듣겠나이다.

하나님의 말씀을 제대로 받고 능력을 누릴 때
영혼이 치유되고 생각과 마음을 바꾸는 뇌가 치유되며
나아가 육신도 치유된다 하신다.
영에 속한 나는… 사람의 말에 상처받지 않기로…
하나님의 능력에 덧입기로 하겠다…

사랑하는 자여 네 영혼이 잘됨 같이
네가 범사에 잘되고
강건하기를 내가 간구하노라
요한삼서 1:2

애 셋 엄마로 살아가면서 낮아진 자존감…
사실, 그냥 웃고 넘길 수 있는 말인데
스스로 자신감과 확신이 떨어지다 보니
그 말이 큰 상처가 되었나 보다.

그러나 나는 육에 속한 자가 아닌
영에 속한 하나님의 자녀이므로
잠시 넘어졌더라도 일어설 힘이 있다.

그것은 바로 하나님이 주신 말씀 능력의 비밀!

오늘부터 제대로 도전이다.

나의 힘이신 여호와여 내가 주를 사랑하나이다
여호와는 나의 반석이시요 나의 요새시요
나를 건지시는 이시요 나의 하나님이시요
내가 그 안에 피할 나의 바위시요 나의 방패시요
나의 구원의 뿔이시요 나의 산성이시로다
내가 찬송 받으실 여호와께 아뢰리니
내 원수들에게서 구원을 얻으리로다
시편 18:1-3

육신의 생각은 사망이요 영의 생각은 생명과 평안이니라
육신의 생각은 하나님과 원수가 되나니
이는 하나님의 법에 굴복하지 아니할 뿐 아니라 할 수도 없음이라
육신에 있는 자들은 하나님을 기쁘시게 할 수 없느니라
로마서 8:6-8

19. 되어지는 응답

뭐든 느린 우리 둘째.

또래에 비해 말이 느려서 늘 붙잡고… 이 아이의 입술로 예수가 그리스도 되심을 고백하게 해달라고 기도했다.

태어나 열 달은 거의 잠만 잤고…
(그냥 누워 가만히 있다 잠듬…)

돌 때 기었고… ㅋㅋ

15개월에 드뎌 걸음을 뗐다.

…그래서 늘 둘째보다는 첫째에게 좀 더 많은 걸 맞추게 되었다.

자기 전에 늘 성경구절을 첫째랑만 암송하고
둘째는 늘 듣다가 잠이 들었다.

늘 오빠에게 가려져 몰랐던 둘째의 성장과
보이지 않게 뿌리 내리고 있었던 하나님의 말씀이…
눈물나게 감사하고 또 몰라줘서 눈물나게 미안했다…

미래는 반드시 현실로 오기에
오늘도 말씀에 집중하여
되어지는 응답 속에
우리가 있기를 기도한다.
눈에 보이지 않는다고 없는 게 아니고
안 되고 있는 게 아니다.

성령께서 역사하시고
말씀의 흐름따라 인도하시기에
내 힘으로 애쓰지 말고
모든 것을 주 안에서!

내 딸,
엄마가 몰라줘서 미안해.
그리고 주 안에 있는
주안이, 말씀에 쑥쑥 뿌리내려
그리스도의 열매 맺길 기도해.
사랑해요!

오 형제여 나로 주 안에서
너로 말미암아 기쁨을 얻게 하고
내 마음이 그리스도 안에서
평안하게 하라
빌레몬서 1:20

너희가 전에는 어둠이더니
이제는 주 안에서 빛이라
빛의 자녀들처럼 행하라
에베소서 5:8

오직 성령이
너희에게 임하시면
너희가 권능을 받고
예루살렘과 온 유대와
사마리아 땅 끝까지 이르러
내 증인이 되리라 하시니라
사도행전 1:8

이와 같이 성령도 우리의 연약함을 도우시나니
우리는 마땅히 기도할 바를 알지 못하나
오직 성령이 말할 수 없는 탄식으로
우리를 위하여 친히 간구하시느니라
로마서 8:26

20. 또 시작

첫째 때, 둘째 때… 다 겪었던 시기인데도
셋째가 틈만나면 변기를 만지고
현관에서 신발을 먹고 있는걸 보자니,
문득 임신 시절이 떠오른다.

임신 10개월 동안 아기를 기다리는 설레임도 크지만,
여러모로 힘든 점이 참 많은데… 난 또 금세 잊고
둘째, 셋째를 임신하고 출산했다.

처음 배가 다 터질 걸 보고
펑펑 울었던 기억,

밤마다
다리에 쥐가 났던 기억,

맘껏 쉴 수 있는 첫째 임신 (천국임),
첫째 아이 돌보느라 힘겨운 둘째 임신 (그래도 첫째 잘 때 잘 수 있음),
셋째 임신 (말로 표현 못 할만큼 힘듦…)

첫째 아이, 배 위에 올려 안고는 허리를 부여잡던 기억,

두 아이 먹이고 씻기고 재우느라 제대로 쉬어 본 적 없던 기억,

많이도 울었던 기억…

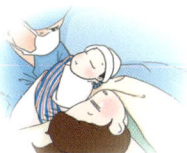

21시간 진통 끝에 결국 수술했던 기억…

드디어 아기를 만난 감격도 잠시… 오한이 와서 죽다 살아난 기억…

그 엄청난 기억들을 모조리 잊은 채,
세 번째 또 그 시기가 당분간 내 앞날을 캄캄하게 할 거라는 상상도 못한 채,
또 세 번째 아이를 낳고 얼마나 감격하고 기뻐하며 설레였었나… ㅎ

쉴만 하면 또… 쉴만 하면 또 시작되는
육아 도돌이표 속에서도 안 좋은 기억은 잘도 잊게 하신 것,
그것 또한 하나님의 은혜로다!

세 번 임신과 세 번 출산의 고통을 잊게 해주는 건
천진난만하고 해맑은 내 아이들.

그리고 내 건망증…

당분간 나는 변기에서, 현관문 앞에서
수도 없이 막내를 끌어내야 할 것이다.
(오늘도 몇 번째였던가…)

언젠간 이 극한의 힘든 날들을 웃으며 추억하고
힘든 건 다 잊고 이 날들을 그리워할 날이 오겠지.

그러기 전에, 웃으며 즐기자.
이 또한 지나갈 거니까.

사람은 헛것 같고
그의 날은 지나가는 그림자 같으니이다
시편 144:4

하나님이 모든 것을 지으시되
때를 따라 아름답게 하셨고
또 사람에게 영원을 사모하는 마음을 주셨느니라
그러나 하나님의 하시는 일의 시종을
사람으로 측량할 수 없게 하셨도다
전도서 3:11

그런즉 누구든지 그리스도 안에 있으면 새로운 피조물이라
이전 것은 지나갔으니 보라 새것이 되었도다
고린도후서 5:17

21. 좌절의 순간들

내가 먼저 화장실만 들어가면…
급하다 난리. 끌고 나오는 때가 다반사;

돌아서면 저러고 있는 남매…

혼자 감당이 벅찰 때면
왜 나에게 이런 시련을 주시나이까… 싶은데;

하나님을 예배하고 기도하는 아이들을 볼 때면
내가 어디 가서 이런 24시 제자 사역을 할 수 있을까…
좌절의 순간이 아니고 최고 축복된 시간임을 깨닫곤 한다.

머리에서 모락모락
김이 나는 일들이 허다할지라도…

모든 좌절의 순간마다 영적으로 선한 싸움하고
복음의 눈으로 이 아이들의 미래를 보며
24시 믿음의 고백으로 그 사람, 그 현장, 그 응답의
참 증인이 되는 엄마가 되길.

하나님이 주신 말씀의 흐름 속에서
하나님이 허락하신 이 아이들에게
하나님이 보내시는 이 가정 현장에서
하나님이 주시는 그 응답을 받는 축복을 누리도록
오늘의 말씀, 기도, 전도의 깊은 묵상 속으로!

절대 흔들리지 않는 하나님이 원하시는
그 사람이 되자.

여호와여 주의 도를 내게 가르치소서
내가 주의 진리에 행하오리니
일심으로 주의 이름을 경외하게 하소서
주 나의 하나님이여
내가 전심으로 주를 찬송하고
영원토록 주의 이름에 영광을 돌리오리니
이는 내게 향하신 주의 인자하심이 크사
내 영혼을 깊은 스올에서 건지셨음이니이다
시편 86:11-13

22. 후대 살릴 전도자

결혼식 날, 우리는
'후대 살릴 전도자(딤후 2:1-7)'
라는 말씀을 받았다.

목사님은 가정이라는 미션홈에서 10년이 중요하다고 하셨다.
그때는 그 10년이 멀게만 느껴졌었는데…

10년…?

그러나 그것은 착각이었다.
10년은 결코 긴 시간이 아니었음을…
어느덧 시간이 흘러 내 옆에 세 명의 아이가 쪼르륵 누워있다.

애 셋 육아로 허덕이다 정신을 차리면 늘 스스로 질문하곤 한다.

나는 후대 살릴 전도자의 사명을 잘 감당하고 있는가?
그리스도 예수 안에서 강한 엄마의 본보기가 되고 있는가?
군사로 경기하는 자로 농부로서 역할을 잘 행하고 있는가?
이 중요한 10년의 시간을 헛되이 보내고 있지는 않은가?

우리의 후대들이
제대로 영적 전쟁할 수 있도록!
말씀으로 선한 싸움하는 자가 되도록!
살리는 싸움으로 세계 선교하는 축복을 누리도록!
모든 것을 결정짓는 10년의 시간을
언약 전달에 올인하며
'후대 살릴 전도자'
라는 말씀이 우리에게 성취되길 기도한다.

To be continued.

우리 큰 아들… 첫 돌 쯔음.
결혼식 메시지를 묵상하면서 만든 노래를
젖 물리고 재우면서 토닥토닥 늘 불러줬었는데…

(아무도 모르는 너와 나만 아는 노래. ㅎㅎ)

내 아들아,
그리스도 예수 안에 강하라.
너는 일심과 전심으로 지속하라.
오직으로 이 세상 살릴 참 주역,
성령으로 이 세상 정복할 영적서밋.
임마누엘 하나님이 너와 함께하시니
땅 끝까지 증인이 되리라.
〈후대 살릴 전도자〉

내 아들아
그러므로 너는 그리스도 예수 안에 있는 은혜 가운데서 강하고
또 네가 많은 증인 앞에서 내게 들은 바를 충성된 사람들에게 부탁하라
그들이 또 다른 사람들을 가르칠 수 있으리라
너는 그리스도 예수의 좋은 병사로 나와 함께 고난을 받으라
병사로 복무하는 자는 자기 생활에 얽매이는 자가 하나도 없나니
이는 병사로 모집한 자를 기쁘게 하려 함이라
경기하는 자가 법대로 경기하지 아니하면 승리자의 관을 얻지 못할 것이며
수고하는 농부가 곡식을 먼저 받는 것이 마땅하니라
내가 말하는 것을 생각해 보라 주께서 범사에 네게 총명을 주시리라
디모데후서 2:1-7

일기를 마치며...

아이를 키울수록 모르겠더라...
내가 잘 하고 있는 것인지...

그래, 다 알겠는데...
그게 잘 되냐고...

세상에는 많은 육아 서적들이 있고
훌륭한 부모 강연도 많이 있다.
물론 다 도움이 되고 필요한 것들이다.

.
.

하지만
이렇게 하면 안 되고 저렇게 하면 된다는 식은
이미 고된 육아에 지친 나에게
순간의 위로와 답은 되지만
실질적으로 진짜 정답은 되지 못했다.

아... 오늘도 하얗게 불태웠어.

복음을 못 누린 상태에서의 육아는
늘 스스로 용쓰고 애쓰다 쉽게 지친다.

그러나
그리스도를 진짜 누린 하루는
육아가 참 쉽다.

스스로 주인되려는
나 중심적인 틀을 깨고
하나님이 함께하시는 '다른 나'를 찾아
하나님의 말씀의 능력을 붙잡은
그때는 발버둥 치지않아도
모든 것을 초월하게 된다.
·
오히려 문제와 어려움이 고맙다.
·
그리스도가 더욱더 발견되니까…

나는 여전히 연약하고 부족 투성이 엄마다.

엄마의 이 연약함을 영적인 눈으로 초월하여
말씀의 힘을 누리는 우리 아이들이길 기도한다.

그러나 너는 배우고 확신한 일에 거하라
너는 네가 누구에게서 배운 것을 알며
또 어려서부터 성경을 알았나니
성경은 능히 너로 하여금
그리스도 예수 안에 있는 믿음으로 말미암아
구원에 이르는 지혜가 있게 하느니라
디모데후서 3:14-15

날마다 영적싸움에 승리하며
말씀의 흐름 속에서 하나님의 인도하심을 따라
육아 현장 속에서 나와 내 자녀가 세워지도록…

내 품안에 있을 때… 함께 하나님을 찬양하고

언약 전달의 일을 마치려 함에는
나의 생명조차 조금도 귀한 것으로 여기지 않는
생명 건 애 셋 엄마의 여정이 되기를…
시대 살릴 전도자 남편의 아내 역할도 잘 감당하기를…
기도하며 일기를 마친다.

끝으로 편집하며 바쁜 동안 딸을 위해 매일같이 물심양면으로
손주들 봐주신 친정엄마께 감사를 드립니다.

내가 달려갈 길과 주 예수께 받은 사명
곧 하나님의 은혜의 복음을 증언하는 일을 마치려 함에는
나의 생명조차 조금도 귀한 것으로 여기지 아니하노라
사도행전 20:24

또 그의 종 다윗을 택하시되 양의 우리에서 취하시며
젖 양을 지키는 중에서 그들을 이끌어 내사 그의 백성인 야곱,
그의 소유인 이스라엘을 기르게 하셨더니
이에 그가 그들을 자기 마음의 완전함으로 기르고
그의 손의 능숙함으로 그들을 지도하였도다
시편 78:70-72

언약 전달 1

The Way
To Meet God
하나님 만나는 길

"나는 원래 이런 사람이에요."

새는 하늘에,

물고기는 물 속에서,

나무는 땅에 뿌리를 내려야 행복해요.

하나님의 형상 대로 창조된 사람은 하나님과 함께 살아야 행복하도록 지음받았어요.

첫 번째 사람, 아담과 하와는 사탄에게 속아 하나님과의 약속을 어기고 선악과를 따 먹는 죄를 지었어요.

그때부터 모든 사람은 죄인으로 하나님을 떠나 사탄에 잡혀서 살게 되었어요. 그래서 우리는 이 땅에 사는 동안 문제와 저주, 재앙으로 고통을 겪다가 죽게 되면 지옥에 가게되요.

그러나 하나님은 우리가 하나님 안에서 행복하게 살기를 원하셔요. 그래서 우리의 모든 문제를 해결해주실 분을 보내주시겠다고 약속해주셨어요.

★ 약속대로

하나님께서는 예수님을 이 땅에 보내주셨어요.
예수님은 우리를 구원하시려고
말씀대로 십자가에 못 박혀 죽으시고
사흘만에 부활하셨어요.

예수님께서
하나님 만나는 길이 되어주시고,
죄와 저주를 대신 해결해주시고,
사탄의 머리를 깨뜨려 주셨어요.

 참 선지자 · 참 왕 · 참 제사장 되신
그리스도

이 예수님을 내 마음속에 그리스도로 믿는 순간
모든 문제에서 빠져나오게 되고 하나님의 자녀가 되어
영원한 축복을 누리게 돼요.

지금, 예수님을 믿고 영접해요!

★ 영접기도

하나님 감사합니다. 나를 구원하시려고 그리스도로 오셔서 십자가에서 죽으시고 부활하셔서 모든 문제를 해결하셨음을 믿어요. 지금 마음의 문을 열고 예수님을 나의 구주, 그리스도로 영접해요. 지금까지의 모든 죄를 용서하시고 사탄의 권세에서 나를 구원해주세요. 이제부터 하나님의 자녀 된 축복을 누리며 살게 해주세요. 예수 그리스도의 이름으로 기도합니다. 아멘.

★ 하나님의 자녀가 되면

하나님께서 영원히 함께하시며
지키시고 보호해주세요.
이제 더 이상 두려워하거나
걱정할 필요가 없어요.

언약 전달 2

가정예배
with my children

형들에게서 노예로 팔려
감옥까지 끌려간 요셉은
어떻게 여호와의 신에 감동된 총리가 되었을까?

바로 왕 앞에 선 모세는
어떻게 모든 흑암문화를 무너뜨리는
하나님의 언약을 잡았을까?

어린 사무엘은 부모를 떠나 외로운 환경 속에서도
어떻게 언약궤 곁에서 언약을 따라갔을까?

양을 치던 다윗이
어떻게 악신에 잡힌 사울 왕의 핍박이나
골리앗이 문제가 되지 않았을까?

엘리사는 어떻게 벧엘이나 여리고에 머무르지 않고
엘리야에게 갑절의 영감을 구했을까?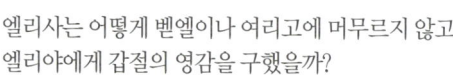

죽음 앞에서 이사야는
어떻게 두려움 없이 말씀을 전했을까?

돌에 맞는 핍박이나 풍랑도 막을 수 없는 바울은
어떻게 복음에 생을 걸었을까?

가정문제, 국가문제, 교회문제, 경제문제,
우상문제, 죽음문제, 핍박과 환난은
이들에게 문제가 되지 않았대.
어떻게 그 사람들은 문제들을 넘어서
하나님의 영에 감동된 축복을 누렸을까?

성경에서 말씀하시는 원래 인간은 축복된 존재인데
그런 인간이 왜 불행하게 되었는지 알았대.
그 문제가 바로 하나님을 떠난 원죄이고,
사탄에게 사로잡혀 종노릇하게 되고,
저주와 재앙의 삶을 사는 지옥 배경의 문제라는 것을,

그래서 하나님은 예수 그리스도를 이 땅에 보내시고
십자가의 죽음과 부활 사건을 통해 인간 스스로 해결할 수 없는
근본 문제와 모든 문제를 해결해주셨다는 사실을
정확히 알고 믿고 누렸대.

우리 삼남매도
모든 환경과 상황 앞에서
성경 속 믿음의 사람들처럼
그리스도, 하나님 나라, 성령충만을 누리며
복음의 눈으로 세상을 보고 세상 살리는
전도제자로 자라나길 늘 기도한단다.

하나님의 귀한 자녀들,
많이 사랑하고
축복해요.

당신은 가서
수산에 있는 유다인을 다 모으고
나를 위하여 금식하되
밤낮 삼 일을 먹지도 말고 마시지도 마소서
나도 나의 시녀와 더불어 이렇게 금식한 후에
규례를 어기고 왕에게 나아가리니
죽으면 죽으리이다 하니라
에스더 4:16

애쓋
엄마

1판 1쇄 2019년 7월 10일

글·그림 쌈
펴낸이 쌈
펴낸곳 도서출판 쌈

출판등록 2019년 6월 24일 제2016-000170호
전자우편 tomsambubu@gmail.com

책임편집 쌈
편집 Jean
마케팅 쌈
디자인 쌈

© 쌈 Sunyoung Sam Kim, 2019
ISBN 979-11-967448-0-9 17230

값은 뒤표지에 적혀 있습니다.
이 책은 저작권법에 따라 보호받는 저작물이므로
무단전재와 무단복제를 금합니다.
잘못된 책은 구입처에서 바꾸어 드립니다.

이 도서의 국립중앙도서관 출판예정도서목록(CIP)은
서지정보유통지원시스템 홈페이지(http://seoji.nl.go.kr)와
국가자료종합목록 구축시스템(http://kolis-net.nl.go.kr)에서 이용하실 수 있습니다.
(CIP제어번호 : CIP2019025135)